Gui«««emets 5

Français • 3ᵉ cycle du primaire   **Cahier d'activités**

Murielle Villeneuve

en collaboration avec
Pauline Robert

ERPI
ÉDITIONS DU RENOUVEAU PÉDAGOGIQUE INC.

5757, RUE CYPIHOT, SAINT-LAURENT (QUÉBEC) H4S 1R3
TÉLÉPHONE: (514) 334-2690   TÉLÉCOPIEUR: (514) 334-4720
erpidlm@erpi.com   w w w . e r p i . c o m

Éditeur
Pierre-Marie Paquin

Révision linguistique
Louise Chabalier

Correction d'épreuves
Jacinthe Caron

**Rédaction des textes
des pages 4, 7 à 9, 12, 44 et 45**
Louise Malette

**Recherche iconographique
et libération des droits**
Colette Lebeuf

Direction artistique
Hélène Cousineau

Coordination graphique
Denise Landry

Illustrations
François Boutet
Illustrations des pages 55 à 57 :
Chantale Audet

Couverture
Frédérique Bouvier

Conception graphique
Benoit Pitre

Réalisation graphique
Matteau Parent graphisme et communication inc.
Geneviève Guérard

Remerciements

Nous tenons à remercier les personnes suivantes qui ont bien voulu lire et commenter les manuscrits de cet ouvrage. Il s'agit de madame Violaine Blondin, École Sainte-Claire, Commission scolaire de Montréal, madame Marie-Andrée Gendron, consultante et monsieur Dany Tremblay, École Dollard-des-Ormeaux, Commission scolaire Marguerite-Bourgeoys.

Sources iconographiques

Page 4 (en bas) Publiphoto / P.G. Adam, page 30 Hilary Tarrant, page 41 Bibliothèque et Archives Canada / PA-144822, page 45 Institut Jane Goodall (www.janegoodall.ca), page 86 Megapress / Bognar, page 95 James Duhamel, page 96 James Duhamel, page 121 Pierre-Marie Paquin, page 125 Centre de conservation de la biodiversité boréale / Danny Gagnon, page 168 Portail de l'Observatoire du Saint-Laurent / Éric Parent, page 174 AT&T

Dépôt légal : 2e trimestre 2006
Bibliothèque nationale du Québec
Bibliothèque nationale du Canada

Imprimé au Canada

1re édition (1992) : ISBN 2-7613-0774-7

2e édition (2006)
ISBN 2-7613-1347-X

1234567890 SO 09876
10732 ABCD   OF10

À l'élève

Écrire est une activité à la fois utile, nécessaire et passionnante. Cependant, pour arriver à écrire correctement et à y prendre plaisir, il faut accepter d'y consacrer des efforts : s'acharner à comprendre comment la langue fonctionne, observer comment un texte se construit, apprendre comment s'écrivent les mots. Et surtout, il faut lire (beaucoup !) et écrire (souvent !).

Faire les activités d'un cahier d'activités, quel qu'il soit, ce n'est donc pas suffisant. Mais cela peut représenter un sérieux coup de pouce ! Nous espérons donc que ce cahier te sera très utile. Plus que tout, nous aimerions qu'il te donne le goût de lire, d'écrire et de pousser toujours plus loin ta connaissance de la langue. Maîtriser la lecture et l'écriture t'ouvrira des portes insoupçonnées tout au long de la vie !

Abréviations et pictogrammes utilisés dans ce cahier

VOIR
PAGE XX, N° 4.2 Ce picto t'indique quelles pages consulter avant de réaliser l'activité.

Pour les plus curieux…

1re pers. s.	1re personne du singulier
1re pers. pl.	1re personne du pluriel
GS	groupe sujet
GV	groupe du verbe
CP (ou **GCP**)	groupe complément de phrase

adj.	adjectif
auxil.	auxiliaire
CD	complément direct (du verbe)
CI	complément indirect (du verbe)
CN	complément du nom
dét.	déterminant
f.	féminin
GN	groupe du nom
m.	masculin
N	nom
pl.	pluriel
p. p.	participe passé
prép.	préposition
s.	singulier
V attr.	verbe attributif

Index des notions

Table des matières

Démarche de travail pour l'écriture d'un texte

Voici une démarche que tu peux suivre quand tu planifies, rédiges et révises un texte. Le pictogramme **G** renvoie aux pages de ce cahier.

Étapes	Symboles et exemples	Outils à consulter
Planifie ton texte		
1. Cerne bien ton sujet, ton intention et ton destinataire. Formule-les dans ta tête, dans tes propres mots.		**G** 3
2. Pense au schéma du genre de texte que tu veux écrire. Trace ce schéma et notes-y tes idées : ce sera ton plan. Si tu préfères, jette d'abord tes idées sur papier. Mets-les ensuite en ordre. C'est une autre façon de faire un plan.	*Pour un texte qui raconte :* Situation de départ Élément déclencheur Péripéties Situation finale *Pour un texte qui décrit, explique ou cherche à convaincre :* Introduction Développement Conclusion *Pour un texte qui donne des instructions :* Matériel (s'il y a lieu) Étapes 1, 2, 3, etc.	**G** 15 à 17
3. Lis ton plan. Vérifie s'il contient suffisamment d'idées pour traiter le sujet. Sinon, ajoutes-en. Biffe les idées qui ne sont pas pertinentes par rapport au sujet et à l'intention. Tu peux aussi montrer ton plan à un ou une autre élève afin d'obtenir des commentaires.		
Rédige ton texte		
4. Écris le brouillon de ton texte (à double interligne) en suivant ton plan. Fais un nouveau paragraphe chaque fois que tu traites un nouvel élément de ton plan. Assure-toi que le lecteur pourra suivre le fil de tes idées : – utilise les bons temps de verbe ; – emploie des marqueurs de relation pertinents ; – utilise les bons pronoms et les bons déterminants. Relis souvent ce que tu écris. Si tu as des problèmes, si tu te poses des questions, note-les en marge ou entre les lignes de ton texte.		**G** 17, n° 2.5 **G** 33 à 35

Étapes	Symboles et exemples	Outils à consulter

Révise et corrige ton texte

Étapes	Symboles et exemples	Outils à consulter
5. <u>Relis ton texte en entier</u> pour vérifier s'il est clair. Si tu le peux, lis-le à haute voix. Ou encore, demande à un ou une élève de le lire et de te faire des commentaires. Mets un X à côté des passages que tu dois améliorer. Si tu as oublié de faire des paragraphes, utilise le symbole // pour indiquer où les commencer lorsque tu copieras ton texte au propre. Si, en te relisant, tu as une autre idée, écris un chiffre à l'endroit où tu veux l'ajouter. À la fin de ton texte, récris ce chiffre et fais-le suivre de ton idée. Tu intégreras cette idée à ton texte quand tu le transcriras au propre.	X // 1 2 3, etc.	
6. Vérifie le vocabulaire que tu as utilisé : est-il juste, précis, varié ? S'il y a lieu, apporte des changements.		**G** 51-52 et dictionnaire
7. <u>Relis ensuite ton texte une phrase à la fois.</u> Assure-toi que chaque phrase est bien construite et bien ponctuée.		**G** 65 à 71, 81-82
8. Coche les mots dont l'orthographe te fait hésiter. Au moindre doute, consulte le dictionnaire.		**G** 101 à 105 et dictionnaire
9. Vérifie les accords dans les **groupes du nom** (GN). Attention : les GN ne se trouvent pas seulement dans le groupe sujet ! Il peut y en avoir aussi dans le groupe du verbe et dans le complément de phrase.	*Les enfants aiment aller à la plage municipale, durant la belle saison.*	**G** 117 à 119
10. Vérifie si les **pronoms** qui remplacent un GN ont le même genre et le même nombre que ce GN.	*J'ai vu deux chattes.* **Elles** *étaient abandonnées.*	**G** 34, nᵒ 3.3 B **G** 182
11. Vérifie l'accord de tous tes **verbes conjugués**. Les verbes à l'infinitif ont-ils la bonne terminaison (*er*, *ir*, *oir* ou *re*) ?	2ᵉ pers. s. 3ᵉ pers. s. *Tu jou**es**. Elle veu**t** mang**er** avant de parti**r**.*	**G** 131 à 135
12. Vérifie l'accord des **participes passés** employés avec l'auxiliaire *être*.	*être* *Les oies sont part**ies** tôt.* p. p.	**G** 150, nᵒ 11.5
13. Vérifie l'accord des **adjectifs attributs du sujet**.	*Les oies paraissent* V attr. *majestueu**ses**.* adj. attr.	**G** 150, nᵒ 11.3

Transcris ton texte

Étapes	Symboles et exemples	Outils à consulter
14. Récris ton texte. Assure-toi d'avoir réglé toutes les questions que tu te posais. Soigne la présentation de ton texte. S'il y a lieu, donne un titre au texte et mets des intertitres pertinents. Forme des paragraphes bien distincts. Relis ton texte une dernière fois en t'assurant de ne pas avoir fait des erreurs de transcription. Signe ton texte et transmets-le à ton ou tes destinataires, s'il y a lieu.		

Première partie

La cohérence du texte

Des idées en fonction du sujet, de l'intention et du destinataire

Un texte cohérent, c'est un texte qui est bien construit.

Pour que ton texte soit cohérent, tu dois, avant d'écrire, cerner trois éléments : ton sujet, ton intention et ton destinataire.

1.1 Ton sujet : De quoi va parler ton texte ?

Toutes les idées qui feront partie de ton texte doivent se rapporter à ton sujet.

De plus, toutes les idées nécessaires à la compréhension de ton texte doivent être présentes.

1.2 Ton intention : À quoi veux-tu que ton texte serve ?

Le but de ton texte peut être, par exemple, de :

- **raconter** une histoire ou un événement ;
- **jouer** avec les mots et les sons ;
- **décrire** une personne, un lieu, un objet ;
- **expliquer** un fait, un phénomène ;
- **convaincre** les gens de quelque chose ;
- **donner des instructions**, etc.

Si tu gardes ton but en tête tout au long de l'écriture de ton texte, il y a plus de chances que celui-ci soit cohérent.

Parfois, il y a plus qu'une intention dans un texte, surtout dans de longs textes. Un texte descriptif, par exemple, peut contenir un passage qui explique quelque chose. Un roman, qui raconte une histoire, contient souvent des descriptions. Il est important cependant, quand on écrit, d'avoir **une intention principale** et de la garder tout au long de son texte. Sinon, on risque de s'égarer !

1.3 Ton destinataire : À qui t'adresses-tu ?
Quels sont tes lecteurs ?

On ne s'adresse pas de la même façon à un ami de son âge qu'à un groupe de personnes qu'on ne connaît pas. Si tu adaptes ton texte à ton ou à tes lecteurs, tu te feras mieux comprendre.

1 Écrire en gardant en tête le sujet

Activité 1

Les deux textes ci-dessous portent sur le même sujet. Un des deux, cependant, contient des informations qui ne sont pas pertinentes : elles s'éloignent du sujet.

Coche ce texte. Justifie ton choix en biffant, dans le texte coché, les informations qui ne sont pas pertinentes par rapport au sujet.

☐ A. Le métier de mon père

Cinquante-huit pour cent des incendies qui dévastent les forêts chaque année sont causés par les humains. Les autres sont dus à la foudre.

Mon père aime beaucoup la nature. C'est pourquoi il a choisi de devenir pompier forestier. Pour exercer son métier, il doit être capable de conduire un bulldozer ; il doit aussi savoir se servir de boyaux d'arrosage géants et de scies mécaniques. Il lui arrive de s'absenter plusieurs semaines de suite pour combattre un incendie. Il doit alors dormir et manger dans un camp forestier en compagnie de son équipe… et des moustiques !

Mon frère et moi, nous trouvons le temps long quand mon père est absent. Heureusement que notre mère est enseignante. Le soir, nous rentrons toujours à la maison avec elle. Elle adore enseigner aux enfants, même si parfois elle est fatiguée de parler.

☐ B. Le métier de mon père

La grue mécanique tire son nom de celui d'un oiseau. La grue possède de longues pattes et un cou interminable.

Mon père travaille dans la construction : il est grutier. Il conduit une grue mécanique, une grosse machine qui sert à déplacer de l'équipement. La grue mécanique peut agripper des objets aussi gros qu'une voiture ou qu'un tracteur. Mon père s'occupe lui-même de l'entretien de sa grue ; il est très fort en mécanique et en électricité. D'ailleurs, il a dû étudier pendant 29 semaines et conduire une grue pendant 2000 heures avant de passer son examen pour devenir grutier.

L'opérateur de grue a besoin de toute son attention, d'une bonne dose de sang-froid et d'un grand sens des responsabilités car, sur un chantier, on ne rit pas avec la sécurité !

Écrire en gardant en tête le sujet ➤➤ # Activité 2

Les deux textes ci-dessous portent sur le même sujet. Un des deux, cependant, contient des idées qui ne sont pas pertinentes : elles s'éloignent du sujet.

Coche ce texte. Justifie ton choix, en biffant, dans le texte coché, les idées qui ne sont pas pertinentes par rapport au sujet.

☐ **A. L'objet auquel je tiens le plus**

L'objet auquel je tiens le plus est une petite balle de caoutchouc. Elle trône au beau milieu de la commode de ma chambre, près de mon lit. Quand je suis énervé et que j'ai de la difficulté à m'endormir, je la serre très fort. Elle est tout usée, c'est à peine si on devine ses couleurs. Si j'y tiens beaucoup, c'est qu'elle me rappelle de très bons souvenirs. En effet, c'est un ami qui me l'a offerte avant que je quitte mon pays pour immigrer au Canada. Je n'ai jamais revu mon ami mais chaque fois que je regarde cette balle, je pense à lui et aux heures que l'on a passées ensemble à rire et à s'amuser.

☐ **B. L'objet auquel je tiens le plus**

Un ourson de peluche, voilà l'objet auquel je tiens le plus ! Parfois, je suis gêné de le dire : j'ai peur qu'on rie de moi et qu'on me dise que je suis trop vieux pour un tel jouet. Mais pour moi, cet ourson n'est pas un jouet ! C'est un souvenir, le souvenir de mon grand-père ; c'est lui qui me l'avait offert pour mes trois ans. Un jour, mon petit frère a pris mon ourson et est allé jouer dehors. Il fait souvent ça, mon petit frère : il prend mes choses et les emporte à l'extérieur de la maison. C'est comme ça que j'ai perdu deux de mes figurines préférées. L'ourson est maintenant tout usé, il a perdu une oreille. Mais je l'aime toujours autant !

Écrire en gardant en tête le sujet

Activité 3

On a demandé à une élève qui adore l'hiver d'écrire pourquoi.
Voici les raisons qu'elle a données.

Biffe celles qui ne sont pas pertinentes.

1. Je peux pratiquer plusieurs sports : le patin, le ski, le hockey, la glissade…

2. Les vêtements coûtent très cher.

3. L'hiver amène de la variété : les paysages, les activités, tout est différent.

4. J'aime regarder la neige tomber et recouvrir le sol.

5. Je vais souvent me promener dans le parc pour admirer les arbres couverts de givre.

6. Je trouve que c'est parfois dangereux pour les automobilistes.

Activité 4

Tu dois décrire un repas au restaurant qui a tourné à la catastrophe.

a) **Dresse la liste des idées que tu pourrais traiter.**

1. _____	6. _____
2. _____	7. _____
3. _____	8. _____
4. _____	9. _____
5. _____	10. _____

b) **Fais lire ta liste à un ou une camarade. Demande à cette personne de répondre aux questions suivantes.**

» Les informations sont-elles suffisantes pour qu'un lecteur puisse bien comprendre ce qui s'est passé ?

☐ Oui   ☐ Non

» Si tu as répondu « Non », quelles informations manque-t-il, selon toi ?

_____

_____

» Y a-t-il des idées qui ne sont pas pertinentes ?

☐ Oui   ☐ Non

» Si oui, lesquelles ? Idées numéros _____

2 Écrire en gardant en tête l'intention

» Activité

Les textes qui suivent portent tous sur ce fruit délicieux, la pomme. Pourtant, ils sont très différents l'un de l'autre ! Pourquoi ? Parce que l'intention de l'auteur varie : son but n'est pas toujours le même.

Pour chaque texte, indique quelle est l'intention de l'auteur. Choisis tes réponses dans la liste suivante.

**donner des instructions – décrire – convaincre
jouer avec les mots et les sons – expliquer**

A. Une culture vieille de trois mille ans

Pratiquer la pomiculture, c'est cultiver des pommiers dans le but d'en récolter les fruits. Le travail du pomiculteur consiste d'abord à prendre bien soin de ses arbres. Il doit les tailler, les fertiliser et guetter les signes de maladies. Il doit aussi entretenir la pommeraie, couper les mauvaises herbes, éloigner les animaux et les insectes indésirables. Une fois les pommes mûres, c'est le temps de la cueillette. On cultive ce fruit dans 87 pays du monde, ce qui donne une production annuelle de 60 millions de tonnes de pommes, comprenant 7000 variétés !

_____

B. Un fruit charnu

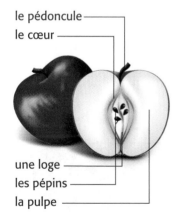

le pédoncule
le cœur
une loge
les pépins
la pulpe

La pomme est l'un des fruits les plus populaires du monde et aussi l'un des plus anciens. Le plus étonnant, c'est qu'elle n'a pas vraiment changé à travers les âges. De forme presque ronde, la pomme est surmontée d'une queue ou *pédoncule*, et sa couleur varie du rouge foncé au jaune en passant par le vert. Lorsqu'on coupe une pomme en deux, on aperçoit son cœur ; celui-ci se divise en cinq loges contenant les pépins. Sa chair ou *pulpe* est blanchâtre, croquante, sucrée et juteuse.

_____

C. Pommes Qualité Québec

La culture de la pomme au Québec est importante. Pourquoi ?

Une raison économique

Une des raisons est d'ordre économique : il y a au Québec une industrie de la pomme ! Cette activité représente une source de revenus importante pour certaines régions de la province. C'est qu'au Québec, chaque personne consomme en moyenne 18 kilos de pommes chaque année. (On parle ici des pommes sous toutes leurs formes : crues, cuites ou en jus.) En plus, une bonne part de la production est exportée ; par exemple, en 2001, c'est le cinquième des pommes qui a quitté le Québec, principalement pour les États-Unis. Cela représente 15 millions de tonnes de pommes ! Toute cette activité crée finalement des milliers d'emplois.

L'aspect culturel

Une autre raison concerne l'aspect culturel. Les vergers font en effet partie des paysages du Québec depuis de nombreuses générations. Au printemps, les gens aiment aller voir les pommiers en fleurs. À l'automne, lorsque les fruits sont mûrs, les vergers se remplissent de promeneurs qui cueillent des Reinette, des Clocharde, des Délicieuse et, surtout, des McIntosh, la pomme préférée des Québécois.

Au Québec, au printemps, on peut voir de magnifiques pommiers en fleurs, par exemple dans les régions de la Montérégie, des Cantons-de-l'Est et de Québec.

D. Mordez à belles dents !

Les pommes sont excellentes pour la santé. Désaltérantes et bourrées de vitamine C, elles sont très faciles à digérer. Selon certaines recherches, les pommes auraient des propriétés qui contribuent à réduire la croissance de certains types de cancer. Les bienfaits du fruit se retrouvent surtout dans la pelure… à condition qu'elle soit bien lavée. On dit même que croquer une pomme après les repas nous dispenserait de la brosse à dents ! Hum… cela reste à voir ! Chose certaine, manger une pomme comme dessert ou en guise de collation ne peut être que bénéfique.

Écrire en gardant en tête
l'intention

E. Dessert d'automne

Ingrédients

Pour 6 portions

- 6 belles pommes de même grosseur
- 6 c. à table de cassonade ou de sirop d'érable
- cannelle en poudre (facultatif)

Marche à suivre

- ◼ Laver les pommes.
- ◼ À l'aide d'un petit couteau ou d'une cuillère, creuser un trou sur le dessus de chaque pomme et retirer délicatement le cœur. Faire attention à ne pas percer l'autre extrémité du fruit.
- ◼ Mettre les pommes dans un plat allant au micro-ondes.
- ◼ Déposer une cuillerée à table de cassonade ou de sirop d'érable dans la cavité de chaque pomme.
- ◼ Saupoudrer d'un peu de cannelle (au goût).
- ◼ Faire cuire à la puissance maximale pendant cinq minutes.

Servir avec du yogourt nature ou avec une petite portion de crème glacée. Un pur délice !

F. Pomme de reinette et pomme d'api...

Chanter la pomme, c'est amusant
Pomme de douche ou pomme d'Adam
Pommettes roses ou pommeau d'argent
Il suffit de chanter doucement !

Pommes d'amour et tarte Tatin
Compote de pommes et boudin blanc
Les pommes et les mots s'entendent très bien
Il suffit de les savourer lentement !

Les renseignements des textes A et C ont été tirés du site Internet du Réseau agricole québécois, le 20 avril 2005, et du document *Monographie de l'industrie de la pomme au Québec*, ministère de l'Agriculture, des Pêcheries et de l'Alimentation, Québec, 2003.

3 Écrire en gardant en tête le destinataire

Activité 1

VOIR
PAGE 3, N° 1.3

Lorsque c'est nécessaire, on t'indique quelle page aller consulter avant de commencer l'activité.

Un centre de loisirs offre des cours de théâtre pour adolescents. Mais voilà, il faut avoir 12 ans pour être admis à ce cours et Fabien n'en a que 11. Il voudrait être accepté même s'il n'a pas l'âge voulu. Il joint donc une note au formulaire d'inscription.

> J'aimerais beaucoup suivre les cours de théâtre même si je n'ai pas 12 ans. J'adore le théâtre. Chez moi, je me déguise souvent, j'invente des histoires et je joue des rôles. Je pense que tu devrais m'accepter et tu verrais que je suis capable.
>
> Réponds-moi vite.
>
> Fabien

Après avoir lu le texte de Fabien, sa mère lui fait remarquer qu'il ne convient pas tout à fait, étant donné les gens à qui il s'adresse.

a) Souligne, dans le texte de Fabien, ce qui justifie la remarque de sa mère.

b) Explique dans tes mots ce qui n'est pas approprié dans le texte de Fabien. Donne au moins deux éléments.

_____

_____

_____

_____

_____

_____

_____

_____

Écrire en gardant en tête
le destinataire

Activité 2

Relis rapidement l'activité 1, puis récris le texte de Fabien en tenant compte des gens à qui il s'adresse.

_____

_____

_____

_____

_____

_____

_____

_____

_____

_____

_____

_____

4 Synthèse

Dans le quartier Saint-Michel, il y a tellement d'enfants de 9 à 12 ans qui veulent jouer au soccer que le responsable du club leur a demandé de mettre par écrit leurs motivations. Cela l'aidera à faire une sélection.

Voici les textes de trois enfants. Leur but ? Convaincre l'entraîneur du club qu'ils ont les meilleures raisons de faire partie de l'équipe de soccer.

a) **Lequel des trois textes est <u>le plus pertinent</u>, selon toi?** ☐

A. Vous ne pouvez pas savoir comme j'aimerais jouer au soccer dans la nouvelle équipe de l'école. Mes parents seraient tellement heureux ! Ils sont gentils, mais ils ont parfois de drôles d'idées, comme tous les parents, j'imagine. Ils croient que le sport est presque aussi important que les études et que ce serait mieux pour moi de faire de l'exercice physique que de toujours être devant la télévision. Ils m'ont demandé de choisir entre le football, le baseball et le soccer. J'ai choisi le soccer parce qu'il me semble le plus facile.

Guillaume

B. C'est la première fois qu'un sport d'équipe m'intéresse vraiment. Je trouve que le soccer convient aussi bien aux filles qu'aux garçons. Le soccer ressemble davantage à un ballet qu'à un carambolage de corps comme au hockey. Je sais de quoi je parle : je faisais partie de l'équipe féminine de hockey de l'école. Un cauchemar. J'avoue que patiner n'était pas ma force. Et cet équipement d'astronaute qu'il fallait trimballer… et se mettre sur le dos ! Comme je suis agile et que je cours très vite, un short, un maillot, des chaussures et des chaussettes, c'est bien suffisant pour frapper un ballon et marquer des buts !

Noémie

C. Je souhaite très fort faire partie de votre équipe de soccer. J'ai une bonne expérience de ce sport, puisque mon père, qui vient du Chili, était un grand joueur de soccer dans sa jeunesse. Il m'a enseigné les règles du soccer et nous avons formé une équipe avec les enfants du voisinage. Lorsque j'ai appris la formation de l'équipe de l'école, je me suis dit que c'était ma chance de montrer ce que je sais faire. Je ne veux pas me vanter, mais je suis un très bon dribbleur* et je tire au but chaque fois que je peux. Je conduirais sûrement mon équipe vers les championnats, peut-être même vers la victoire. Je vous remercie de tenir compte de ma demande.

Gustavo

> ***dribbleur** : qui aime dribbler ou qui dribble bien. Au soccer, *dribbler*, c'est progresser tout en contrôlant le ballon au sol, malgré l'adversaire.

Synthèse

b) **Relis le texte que tu as choisi et vérifie ta réponse à l'aide des questions suivantes.**

>> Les idées exprimées dans ce texte sont-elles toutes pertinentes par rapport au sujet ?

☐ Oui   ☐ Non

>> L'auteur du texte a-t-il fourni suffisamment d'informations pour convaincre l'entraîneur ?

☐ Oui   ☐ Non

>> L'auteur a-t-il bien respecté son intention ?

☐ Oui   ☐ Non

>> Le texte est-il adapté au destinataire ?

☐ Oui   ☐ Non

Si tu as répondu « Non » à une des questions, tu devrais changer ta réponse en *a* !

c) **Choisis un des deux autres textes et complète la phrase suivante.**

Texte ☐ . Ce texte **n'est pas** le plus pertinent parce que :

_____

_____

_____

_____

_____

_____

_____

d) **Complète la phrase suivante.**

Quand j'écris un texte, je dois garder en tête

le _____ , l' _____

et le _____ .

Deuxième partie

La cohérence du texte

Une organisation appropriée

Pour bien planifier ton texte, tu dois avoir en tête son schéma, c'est-à-dire sa structure générale.

Un texte qui raconte une histoire et un texte qui donne de l'information, par exemple, n'ont pas la même structure. Voilà pourquoi il faut avoir en tête la structure d'un texte avant de commencer à l'écrire.

2.1 Le récit ou le texte qui raconte

Un récit, c'est tout ce qui est **raconté** : ce peut être l'exposé d'un événement historique (comment, par exemple, Champlain a fondé Québec en 1608) ; ce peut être un conte comme celui du *Petit chaperon rouge* ou encore, une légende ou un roman. Bref, un récit est une « histoire » !

La structure d'un conte ou d'un roman peut se représenter par le schéma suivant.

Situation de départ (Début de l'histoire)	C'est le contexte au **début** de l'histoire : par exemple, le moment et le lieu où l'histoire se déroule, ses personnages.
Élément déclencheur	C'est ce qui vient changer la situation de départ. Souvent, cela prend la forme d'un problème que le personnage principal va affronter.
Péripéties	Ce sont les actions que fera le personnage principal pour résoudre son problème ou les aventures qu'il vivra à la suite de l'élément déclencheur.
Dénouement	C'est l'aboutissement de ce qui a été provoqué par l'élément déclencheur ; ce peut être la façon dont le personnage principal va résoudre ou non le problème.
Situation finale (Fin de l'histoire)	C'est la nouvelle situation dans laquelle se trouve le personnage. Bref, c'est la **fin** de l'histoire.

Remarque – Dans certains récits, il n'y a pas de différence entre le dénouement et la situation finale. Il y a alors, après les péripéties, une seule partie, qu'on appelle tout simplement la **fin** de l'histoire.

2.2 Le texte descriptif

Un **texte descriptif** est un texte dont la plus grande partie décrit quelque chose : un lieu, un personnage, un animal ou un objet, une situation donnée ou un événement.

On peut représenter la structure d'un texte descriptif par le schéma suivant.

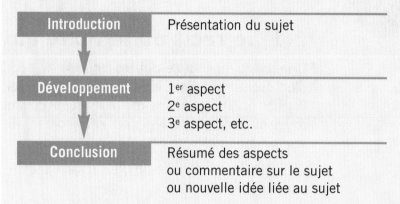

Introduction	Présentation du sujet
Développement	1er aspect 2e aspect 3e aspect, etc.
Conclusion	Résumé des aspects ou commentaire sur le sujet ou nouvelle idée liée au sujet

En général, dans le développement, chaque aspect donne lieu à un **paragraphe** différent.

2.3 Le texte qui donne des instructions

On lit souvent des **textes qui donnent des instructions**. Pense par exemple aux cahiers d'activités comme celui-ci : ils sont remplis de consignes qui disent quoi faire et comment le faire...

Une recette de cuisine, les règles d'un jeu, le mode d'emploi d'un appareil, voilà d'autres exemples de textes qui donnent des instructions.

La structure de ces textes est simple. En général, il y a un **paragraphe** pour chaque étape de l'activité à réaliser ou du mode d'emploi à suivre. Parfois, il n'y a pas de liste d'ingrédients ou d'outils, il n'y a que les étapes à suivre.

Les phrases de ces textes sont courtes et écrites à l'infinitif ou à l'impératif, pour que le lecteur voie rapidement ce qu'il doit faire.

2.4 À quoi servent l'introduction et la conclusion ?

La plupart des textes courants (sauf ceux qui donnent des instructions) ont la même structure :

Introduction	L'introduction **annonce** le sujet du texte et, parfois, les aspects qui seront abordés. Elle laisse aussi entrevoir l'intention de l'auteur.
Développement	
Conclusion	La conclusion **résume** les idées qui ont été développées dans le texte. Parfois, elle fait un commentaire ou soulève une nouvelle question sur le même sujet.

2.5 La progression des idées et les paragraphes

La progression des idées, c'est la façon dont les idées sont développées dans le texte.

La progression peut être chronologique ou logique.

La **progression chronologique** suit l'ordre des événements dans le temps.

> Si je décris un voyage, je peux commencer par parler du premier jour, puis du deuxième, et ainsi de suite.

La **progression logique** regroupe plutôt les éléments semblables.

> Je peux choisir de décrire un voyage en parlant d'abord de ce que j'ai aimé, puis de ce que je n'ai pas aimé.

> Je pourrais parler d'abord des paysages que j'ai vus, puis des activités que j'ai faites et enfin des personnes que j'ai rencontrées.

Que la progression soit logique ou chronologique, lorsqu'on aborde une nouvelle idée ou un nouvel aspect d'une idée, on crée un nouveau **paragraphe**.

Dans les textes courants, un nouvel aspect est parfois annoncé par un **intertitre**.

5 Structurer un texte qui raconte

Activité 1

VOIR
PAGE 15, N° 2.1

Le récit *Au Pays des Renards noirs* est inspiré d'un conte amérindien.

Lis le récit. À quelle partie du schéma correspond chaque paragraphe ?

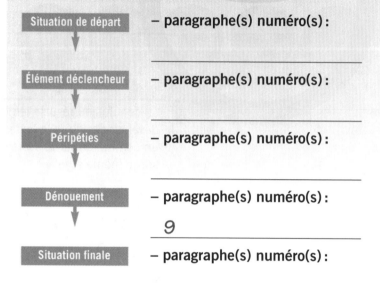

Situation de départ — paragraphe(s) numéro(s) : _____

Élément déclencheur — paragraphe(s) numéro(s) : _____

Péripéties — paragraphe(s) numéro(s) : _____

Dénouement — paragraphe(s) numéro(s) :
9

Situation finale — paragraphe(s) numéro(s) : _____

Au Pays des Renards noirs

1 Il y a fort longtemps de cela, le pays des Renards noirs était plongé dans l'obscurité. Au cours d'une longue guerre meurtrière, les Loups bleus avaient volé le Soleil et l'avaient emporté au loin. Depuis ce temps, dans ce pays, il n'y avait ni lumière ni couleurs. Les oiseaux avaient disparu, les arbres étaient squelettiques, le gibier était rare.

2 Un jour, un de ses habitants, Fin Renard, marchait dans le bois en quête de nourriture. Tout à coup, près d'un ruisseau, il aperçut un chevreuil en train de se désaltérer. « Si j'attrape cette magnifique bête, se dit-il, je pourrai nourrir ma famille pendant tout l'hiver. » Mais le chevreuil l'entendit venir et bondit par-dessus le ruisseau. Fin Renard décida de se lancer à sa poursuite.

3 Le chevreuil était rapide : il enjambait les ruisseaux, gravissait des collines, traversait les forêts. C'est ainsi que Fin Renard fut entraîné très loin de son pays.

4 Parvenu au sommet d'une haute montagne, Fin Renard fut stupéfait. Au-dessus de lui, une boule de feu éclatante scintillait. En dessous, des arbres d'un vert merveilleux ondulaient dans le vent. Des milliers de fleurs créaient, par-ci par-là, des taches rouges, bleues, jaunes et violettes.

**Structurer un texte
qui raconte**

5 Fin Renard était tellement ravi qu'il en oublia le chevreuil. « C'est donc ça, vivre avec le Soleil ? » se dit-il.

6 Tout excité, il retourna dans son pays et raconta ce qu'il avait vu.

— Nous devons retourner là-bas et reprendre cette boule de feu qui nous appartient, conclut Fin Renard.

— Tu es fou, répondirent les plus vieux. C'est le pays des Loups bleus. Ce sont nos ennemis. Si tu y retournes, ils te feront prisonnier.

— Alors, j'y retourne seul. Je ne veux plus vivre dans un pays sombre et froid.

— Nous allons avec toi ! crièrent deux jeunes Renards noirs. Nous rapporterons le Soleil ici !

7 Le lendemain, arrivés près de la montagne où Fin Renard avait vu l'astre, nos trois amis se trouvèrent face à face avec trois jeunes Loups bleus.

— Qui êtes-vous ? demanda le plus grand des Loups bleus. Que venez-vous faire sur notre territoire ?

— Nous venons récupérer notre Soleil. On nous l'a volé, il y a très longtemps, répondit Fin Renard, qui se mit à leur raconter l'histoire.

— Cette histoire est idiote, affirma Petit Loup, le plus jeune des Loups bleus. Le Soleil est censé briller pour tout le monde. Allons voir Hibou le Sage ; il saura régler le problème.

8 Hibou le Sage était très vieux. Depuis longtemps, il voyait Loups bleus et Renards noirs se faire la guerre. Il jugea que le temps était venu de cesser ces stupidités.

— C'est simple, dit-il. Le Soleil est retenu à notre montagne par une corde. Il n'y a qu'à couper la corde et à dire au Soleil d'aller s'installer beaucoup plus haut dans le ciel. S'il est plus haut, ses rayons éclaireront et réchaufferont la Terre jusqu'au pays des Renards noirs.

9 Guidés par Hibou le Sage, les trois Renards noirs et les trois Loups bleus allèrent au sommet de la montagne, coupèrent la corde et demandèrent au Soleil de se hisser beaucoup plus haut. Celui-ci obéit immédiatement, car il était très content de pouvoir enfin se déplacer.

10 Lorsque Fin Renard et ses compagnons retournèrent chez eux, le Soleil brillait. Ils furent accueillis par une grande fête. Une banderole surplombait l'entrée du village : « Le Soleil brille pour tout le monde. » Depuis ce temps, Renards noirs et Loups bleus se réunissent chaque année, au solstice d'été, pour fêter le Soleil.

Nom : _____ Date : _____

Structurer un texte qui raconte

VOIR
PAGE 15, Nº 2.1

Activité 2

Imagine que tu dois écrire l'histoire d'un enfant qui se retrouve tout à coup seul, dans un pays inconnu. Il ne connaît pas la langue des habitants.

Complète le schéma en y inscrivant les idées que tu pourrais développer dans ton histoire.

Mélanie, huit ans, arrive en avion à Beijing, en Chine, une ville de neuf millions d'habitants. Son oncle et sa tante, qui travaillent là, sont censés aller la chercher à l'aéroport.

Situation de départ :
(Début de l'histoire)

Élément déclencheur :
Quel est l'événement ou le problème qui amène un changement ?

Péripéties (2 ou 3) :
Que se passe-t-il après l'élément déclencheur ?
Que fait le personnage principal ?
Que font les autres personnages, s'il y en a ?

Fin de l'histoire :
Comment se termine l'histoire ?

Structurer un texte qui raconte

VOIR

PAGE 15, N° 2.1

Activité 3

Émilie envoie un courriel à son amie Érica ; elle lui raconte une mésaventure récente. En voulant déplacer un paragraphe, elle a fait une erreur et en a mêlé d'autres !

a) **Refais son texte : découpe les paragraphes et colle-les dans le bon ordre à la page 23.**

Bonjour Érica,

> **1.** Tout à coup, un immense éclair a zigzagué dans le ciel, accompagné par un énorme coup de tonnerre. Une pluie torrentielle s'est abattue sur nous et nous a trempées jusqu'aux os. Nous avions l'air de deux poules mouillées. Nous nous sommes ruées vers le magasin où Antonin s'était réfugié.

> **2.** Alors qu'on marchait dans la ville, le ciel s'est subitement assombri. En voyant les gros nuages noirs, Antonin s'est écrié : « Vite, mettons-nous à l'abri, nous allons avoir un orage ! »

> **3.** En entrant, nous avons aperçu Antonin qui nous regardait d'un air moqueur. Il avait sans doute envie de nous dire : « Je vous l'avais bien dit ! » Mais il s'est contenté de nous diriger vers les toilettes et nous a conseillé d'utiliser le séchoir à air chaud.

> **4.** Maintenant, avant de sortir, je regarde le ciel ou j'écoute la météo, car je ne veux plus me faire prendre par un orage. À l'avenir, je vais être plus prudente et suivre mon instinct plutôt que celui de ma cousine.

> **5.** Imagine-toi donc que j'ai été surprise par un orage la semaine dernière. J'étais chez ma tante Florence, à Saguenay. J'allais faire une course avec ma cousine Emmanuelle et mon cousin Antonin. Voici ce qui nous est arrivé…

> **6.** Têtue comme un âne, Emmanuelle a refusé de l'écouter, le traitant même de peureux. Moi, j'hésitais : la couleur du ciel m'inquiétait, mais je ne voulais pas déplaire à ma cousine. Je suis donc restée avec elle tandis qu'Antonin se précipitait dans le magasin le plus proche.

Et toi ? Est-ce qu'il t'est arrivé quelque chose, depuis ton dernier message ?

Émilie

Structurer un texte qui raconte

Bonjour Érica,

Et toi? Est-ce qu'il t'est arrivé quelque chose, depuis ton dernier message?

Émilie

b) **Classe maintenant les paragraphes dans le schéma suivant.**

Situation de départ	→	Élément déclencheur	→	Péripéties	→	Dénouement	→	Situation finale
☐		☐		☐		3		☐

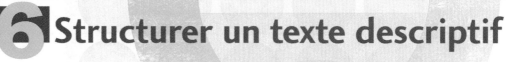

6 Structurer un texte descriptif

Activité

VOIR
PAGE 16, Nº 2.2

Une classe de 3ᵉ cycle veut comparer la population du Québec d'aujourd'hui avec celle de la société de 1905. Laurence a pour tâche de faire la description de la population de son quartier. Mais elle doit d'abord établir un plan.

En ayant en tête le schéma du texte descriptif, elle organise ses idées. Elle sait qu'elle doit procéder avec méthode, c'est-à-dire traiter un aspect, puis un autre.

Complète le schéma suivant à sa place. Indique quelles idées pourraient être traitées dans chaque partie du schéma.

Introduction :

_____

_____

_____

Développement :

1ᵉʳ **aspect :** _____

_____

_____

2ᵉ **aspect :** _____

_____

_____

3ᵉ **aspect :** _____

_____

_____

Conclusion :

_____

_____

_____

Voilà ! Le plan du texte de Laurence est terminé. Il ne lui reste plus qu'à rédiger…

7 Structurer un texte qui donne des instructions

» Activité

VOIR
PAGE 16, Nº 2.3

Lis les deux textes suivants. Si tu voulais réaliser la recette, quel texte préférerais-tu utiliser ? Coche-le et donne deux raisons.

☐ A. Salade au poulet

Pour réussir cette salade, vous avez besoin de poulet cuit, de céleri, d'un poivron vert ou rouge, de raisins secs, de noix de Grenoble et d'une pomme de laitue. Pour la sauce, prévoyez du yogourt nature, un peu de mayonnaise, un peu de moutarde forte ou de vinaigre de vin rouge. Lavez la laitue et déchiquetez-la dans un grand bol. Hachez finement les légumes et le poulet. Ajoutez-les à la laitue. Mettez les raisins secs et les noix de Grenoble. Préparez ensuite la sauce, en mêlant le yogourt, la mayonnaise et la moutarde forte (ou le vinaigre). Versez sur la salade et mélangez bien le tout.

☐ B. Salade au poulet

Ingrédients pour 4 portions
Salade
- Une grosse laitue, lavée et essorée
- 1 tasse de poulet cuit, en petits dés
- Un poivron vert ou rouge haché finement
- Une branche de céleri hachée finement
- ¼ de tasse de raisins secs
- ¼ de tasse de noix de Grenoble

Sauce
- ½ tasse de yogourt nature
- 2 c. à table de mayonnaise
- 1 c. à thé de moutarde forte
  ou
  1 c. à table de vinaigre de vin rouge
- Sel, poivre

Préparation
- ■ Déchiqueter la laitue dans un gros bol à salade.
- ■ Ajouter les dés de poulet cuit, les légumes, les raisins secs et les noix de Grenoble.
- ■ Dans un petit bol, mêler la mayonnaise au yogourt jusqu'à ce que le tout soit bien homogène. Ajouter la moutarde ou le vinaigre de vin. Saler, poivrer au goût.
- ■ Verser la sauce sur la salade et bien mélanger le tout.
- ■ Recouvrir et conserver au réfrigérateur, au besoin.

Je préférerais utiliser le texte ☐ **parce que :**

_____

_____

_____

_____

8 Faire voir la progression du texte grâce au découpage en paragraphes

Activité 1

VOIR
PAGE 17, Nᵒˢ 2.4, 2.5

Lis le texte suivant et sépare-le en paragraphes : indique tes divisions à l'aide de deux traits obliques //. Le texte doit comprendre quatre paragraphes.

L'esprit sportif

Le sport occupe une place importante dans ma vie.   Bien sûr, quand je participe à une compétition, je joue pour gagner, mais pas à n'importe quel prix.   J'essaie de développer ce qu'on appelle l'esprit sportif. Voici ce que j'entends par là.   En premier lieu, avoir l'esprit sportif, c'est respecter l'adversaire.   Dites-vous bien que celui qui joue contre vous veut lui aussi remporter la première place.   Il donne le meilleur de lui-même, tout comme vous.   Il mérite donc d'être traité avec respect.   En second lieu, avoir l'esprit sportif, c'est observer les règlements.   Jouez toujours franc-jeu et acceptez les décisions des arbitres.   Ils sont là pour veiller au respect des règlements.   Bref, avoir l'esprit sportif, c'est agir loyalement, quoi qu'il arrive.   Je crois que le sport serait plus intéressant si tous les joueurs s'efforçaient de développer cette attitude.

Faire voir la progression du texte grâce au découpage en paragraphes

V O I R

PAGE 17, Nᵒˢ 2.4, 2.5

Activité 2

Lis le texte suivant et sépare-le en paragraphes : indique tes divisions à l'aide de deux traits obliques //. Le texte doit comprendre quatre paragraphes.

Une mésaventure

Aujourd'hui, il m'est arrivé un incident désagréable.   Ce matin, j'ai pris ma bicyclette pour aller à l'école.   Eh bien ! je me la suis fait voler !   Voici ce qui s'est passé.   Quand j'ai voulu repartir après la classe, elle n'était plus là.   Pourtant, je l'avais bien attachée avec une chaîne et un cadenas.   Comme je ne savais pas trop quoi faire, je suis allée voir la directrice de l'école.   Elle a téléphoné au poste de police pour signaler le vol.   Quelques minutes plus tard, une policière est venue m'interroger.   Je lui ai donné des détails sur ma bicyclette : la couleur, la marque, le numéro de ma plaque d'immatriculation… L'agente a essayé de me rassurer, puis elle est partie.   Cependant, quelque temps après, une amie est venue me trouver avec… ma bicyclette !   Je lui avais déjà prêté une clé de mon cadenas et elle a voulu me faire une plaisanterie. Je ne l'ai pas trouvée drôle du tout !   La directrice de l'école non plus, et la policière encore moins…   Il a fallu qu'on s'excuse de tous les inconvénients qu'on a créés !

**Faire voir la progression
du texte grâce au
découpage en paragraphes**

Activité 3

**Le texte suivant n'a ni introduction ni conclusion. Lis attentivement
le développement du texte, puis compose les deux paragraphes
manquants.**

Introduction

_____

_____

_____

_____

Développement

À mon avis, je ne suis pas à plaindre ! Ce n'est pas parce que je suis
une enfant unique que je suis forcément seule et que je m'ennuie.
Au contraire, le fait d'être le seul enfant à la maison me pousse à aller
vers les autres. J'ai donc plusieurs amis sur qui je peux compter. De plus,
mes parents jouent souvent avec moi.

Bien sûr, quand je cherche un compagnon de jeu et que tout le monde
est occupé, je me sens délaissée. J'essaie alors de trouver une activité
qui me plaît : je fais du bricolage, je lis ou bien… j'invente un jeu !
Par ailleurs, j'ai remarqué que, parmi mes amis, ceux qui ont des frères
ou des sœurs se retrouvent eux aussi seuls par moments.

Conclusion

_____

_____

_____

_____

9 Synthèse

>> Activité 1

VOIR
PAGE 15, Nº 2.1

Complète les phrases et le schéma.

a) Pour bien organiser son texte, il peut être utile de tracer sur papier

ou de se représenter dans la tête le _____

du texte à écrire.

b) Le _____ d'un texte qui raconte prend

en général la forme suivante.

> La _____

> L' _____

> **Les péripéties**

> **Le dénouement**

> La _____

c) Souvent, le _____ et

la _____ forment une seule et même partie :

la **fin** de l'histoire.

Synthèse

Activité 2

VOIR
PAGE 16, N° 2.2

On peut représenter un texte descriptif par le schéma suivant.
Remplis les cases avec les mots appropriés.

_____	: Présentation du sujet

_____	: 1ᵉʳ aspect Les différents aspects
	2ᵉ aspect traités sont souvent annoncés
	3ᵉ aspect, etc. par des intertitres.

_____	: Résumé des aspects
	ou commentaire sur le sujet
	ou nouvelle idée liée au sujet

Activité 3

VOIR
PAGE 17, N⁰ˢ 2.4, 2.5

Lis le texte de la page suivante, puis ajoute des intertitres aux paragraphes du développement.

Rédige ensuite la conclusion du texte.

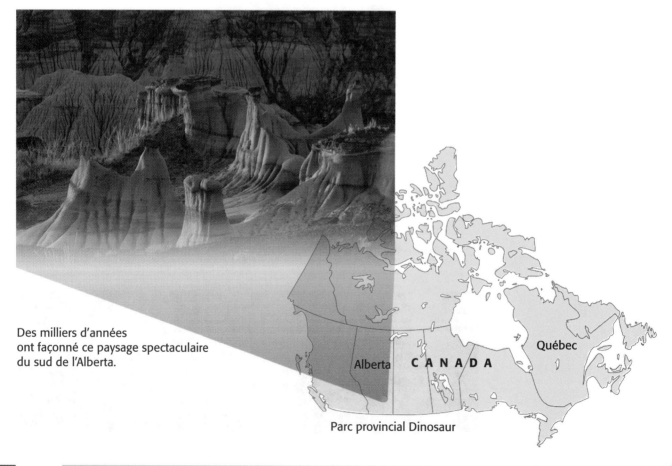

Des milliers d'années
ont façonné ce paysage spectaculaire
du sud de l'Alberta.

Alberta   **C A N A D A**   Québec

Parc provincial Dinosaur

Synthèse

Un endroit à voir, une fois dans sa vie !

Introduction

Dans quel endroit du monde, selon vous, a-t-on trouvé le plus de spécimens de dinosaures ?

Eh bien, c'est au Canada, plus précisément en Alberta. Dans une immense vallée du sud de la province, plus de 300 squelettes de dinosaures appartenant à 35 espèces différentes ont été découverts. Pour protéger ce site extraordinaire, le gouvernement de l'Alberta a créé en 1955 le parc provincial Dinosaur. L'histoire de cette région et de son parc est passionnante.

Développement

(Intertitre)

Il y a 75 millions d'années, cette région était une vaste plaine couverte de forêts. Son climat chaud et humide ressemblait à celui de la Floride actuelle. Dinosaures, tortues, mammifères primitifs, poissons et amphibiens peuplaient cet endroit. Dix millions d'années plus tard, les dinosaures – et d'autres espèces animales – ont disparu. Puis, beaucoup plus près de nous, il y a 13 000 ans, la fonte de glaciers a creusé une vallée profonde ; les eaux ont sculpté dans le sable et la roche des formes étranges. Encore aujourd'hui, les eaux qui s'écoulent des prairies plus au nord continuent à façonner lentement ces paysages uniques au monde.

(Intertitre)

C'est en 1884 qu'un dénommé J. B. Tyrrell, qui était à la recherche de charbon, a fait une découverte capitale. Il a trouvé le crâne d'un dinosaure. Dans les années qui ont suivi, des centaines de fossiles et des centaines d'os ou de squelettes complets ont été mis au jour.

(Intertitre)

Aujourd'hui, avec des guides, on peut parcourir cet endroit surprenant et y observer des sites de fossiles de même que la vie sauvage de cette vallée. On peut voir des cactus, des scorpions et même des serpents à sonnettes. Dans un musée situé à l'extérieur du parc – le Royal Tyrrell Museum –, on peut examiner de gigantesques squelettes de dinosaures.

Conclusion

_____

_____

Information tirée des sites Internet de la province de l'Alberta, du parc provincial Dinosaur, de Parcs Canada, du Royal Tyrrell Museum et de la Commission géologique du Canada, les 25 et 26 mai 2005.

_____

_____

_____

Troisième partie

La cohérence du texte

Des liens entre les éléments

Pour que ton texte soit clair et cohérent, tu dois :
– employer les verbes au bon temps ;
– bien lier les idées entre elles ;
– utiliser des mots qui permettent au lecteur de suivre le fil de tes idées.

3.1 Mettre les verbes au bon temps

Compare attentivement les textes **A** et **B**.

A. *Charlot <u>sera</u> déçu. On <u>a annoncé</u> un gros orage. Il ne <u>pouvait</u> pas aller à la pêche.*

B. *Charlot <u>est</u> déçu. On <u>annonce</u> un gros orage. Il ne <u>pourra</u> pas aller à la pêche.*

Dans le texte **A**, chacune des phrases est correcte, mais, pris dans son ensemble, ce texte n'a pas de sens, il n'est pas cohérent. Pourquoi ? Parce que les verbes ne sont pas aux bons temps. Dans le texte **B**, au contraire, on comprend le déroulement des événements dans le temps, grâce aux verbes employés aux bons temps.

Les temps des verbes sont importants parce qu'ils permettent aux lecteurs de comprendre si une action se passe avant ou après une autre action, ou en même temps qu'elle.

Tu trouveras à l'annexe **1** (pages 178-179) une description des principaux temps des verbes et de leur signification.

3.2 Bien lier les idées entre elles, grâce aux marqueurs de relation

Lis les textes **C** et **D**.

C. *Les grands-parents de Charlot étaient jeunes. La plupart des enfants québécois allaient souvent à la pêche. La majorité de la population habitait à la campagne. C'était un loisir répandu. Il y avait toujours un lac pas très loin où l'on pouvait aller taquiner le poisson.*

D. *<u>Quand</u> les grands-parents de Charlot étaient jeunes, la plupart des enfants québécois allaient souvent à la pêche. <u>Comme</u> la majorité de la population habitait à la campagne, c'était un loisir répandu. <u>En effet</u>, il y avait toujours un lac pas très loin où l'on pouvait aller taquiner le poisson.*

Dans le texte **C**, il n'y a pas de mots qui créent des liens. On dirait des phrases détachées, sans rapport entre elles. Dans le texte **D**, par contre, il y a des mots qui expriment des relations, qui donnent une signification à l'enchaînement des informations et des idées.

Il est important qu'il y ait des liens dans les phrases, entre les phrases et entre les paragraphes. Ce sont en général des mots invariables qui créent ces liens. Ces mots jouent le rôle de « marqueurs de relation ».

Tu trouveras à l'annexe **2** (pages 180-181) une liste de marqueurs de relation et leur signification.

3.3 Utiliser des mots qui permettent de suivre le fil des idées

A. Utiliser les pronoms et les utiliser correctement!

Lis d'abord le texte **E**, puis le texte **F**.

E. *Nous étions en chaloupe. Ils se cachaient sous les roches : nous n'avons rien pris. Après, nous sommes allés manger. Elles sont venues voir notre feu de camp. Comme le soir tombait, elles se sont mises à coasser. Elles étaient étourdissantes.*

F. *Mon père et moi, nous étions en chaloupe. Les poissons se cachaient sous les roches : nous n'avons rien pris. Après, nous sommes allés manger. Les campeuses d'à côté sont venues voir notre feu de camp. Comme le soir tombait, les grenouilles se sont mises à coasser. Elles étaient étourdissantes.*

Le texte **E** n'est pas clair. Pourquoi ? Parce que certains pronoms (*Nous*, *Ils*, *Elles*) sont employés sans qu'on sache de qui on parle. Par exemple, qui était en chaloupe ? Qui se cachait sous les roches ? Qui est venu voir le feu de camp ? Et qui s'est mis à coasser ?

Quand on emploie des pronoms, on doit s'assurer d'avoir déjà mentionné, dans les phrases qui précèdent, de qui ou de quoi on parle.

Tu trouveras une liste des pronoms à l'annexe **3**, page 182.

B. Remplacer certains groupes du nom par des pronoms ou par d'autres groupes du nom

Lis d'abord le texte **G**, puis le texte **H**.

G. *Des ratons laveurs ont tout mangé! Pendant la nuit, des ratons laveurs sont venus; ils ont tout déchiqueté et ils se sont empiffrés. Le père de Charlot n'était pas content. Le père a souvent fait du camping; il sait que l'on doit toujours mettre la nourriture dans des contenants hermétiques et ranger la nourriture dans l'auto, car ils sont très voraces!*

H. *Des ratons laveurs ont tout mangé! Pendant la nuit, ces gloutons sont venus; ils ont tout déchiqueté et se sont empiffrés. Le père de Charlot n'était pas content. Ce campeur expérimenté sait que l'on doit toujours mettre la nourriture dans des contenants hermétiques et la ranger dans l'auto, car il y a des bêtes très voraces!*

Le texte **G** n'est pas clair. Les mêmes mots sont utilisés trop souvent. Parfois on ne sait plus de qui l'on parle : qui est très vorace, par exemple ?

Dans le texte **H**, les mots soulignés désignent les mêmes personnages (ou les mêmes choses) que les mots soulignés dans le texte **G**, mais on a varié les termes, afin d'éviter les répétitions et les confusions.

Si un texte contient des groupes du nom qui se répètent trop souvent, on en remplace certains par des pronoms. Il faut aussi varier les groupes du nom pour désigner les personnes ou les choses dont on parle.

C. Utiliser les bons déterminants

Lis d'abord le texte **I**, puis le **J**.

I. *Charlot chantonnait doucement. Les oiseaux piaillaient allègrement. <u>Son</u> chant étourdissait tout le monde.*

J. *Charlot chantonnait doucement. Les oiseaux piaillaient allègrement. <u>Leur</u> chant étourdissait tout le monde.*

Pourquoi y a-t-il une confusion dans le texte **I** ? Parce qu'à cause du déterminant « son », on a l'impression que c'est le chant de Charlot qui étourdit tout le monde.

Pour qu'un texte soit clair, il faut vérifier si l'on a utilisé les bons déterminants, en s'interrogeant sur leur sens, selon le contexte.

Tu trouveras une liste des déterminants à l'annexe **4**, page 183.

10 Mettre les verbes au bon temps

Activité 1

VOIR

PAGE 33, Nº 3.1
+ ANNEXE 1, PAGE 178

Dans le texte *Le havresac*, mets les verbes qui sont entre parenthèses au temps qui convient. Tu peux te baser sur certains indices donnés dans le texte. Pense aussi à la signification des temps de verbe.

Un conseil : lis le texte au complet avant de commencer l'activité.

Le texte est extrait d'un roman. Dans ce passage, le narrateur raconte le départ de son père qui s'en va travailler loin, dans la forêt. Le récit se passe au Québec, dans les années 1930, au moment d'une grave crise économique.

Pour vérifier la finale des verbes, consulte des tableaux de conjugaison.

Le havresac

1   De ma naissance, en 1930, jusqu'au printemps de 1938, je n'ai pas

beaucoup vu mon père.

2   À cette époque, les emplois étaient rares. Chaque automne

et chaque printemps, bien des pères de famille (*partir*)

_____ donc travailler en forêt. L'automne,

ils (*s'engager*) _____ comme bûcherons*.

Au printemps, ils se (*faire*) _____ draveurs*.

3   Du lever du jour jusqu'à la nuit tombée, à longueur d'hiver,

les bûcherons (*abattre*) _____ les arbres

que les draveurs (*faire*) _____ flotter

sur les rivières dès les premiers beaux jours.

4   Bûcherons. Draveurs. Des mots qui (*évoquer*)

_____ l'absence, le vide, l'attente.

bûcheron : personne dont le métier est d'abattre des arbres dans une forêt.

draveur : travailleur forestier chargé de diriger les billots sur les rivières.

**Mettre les verbes
au bon temps**

✱ **Windigo** : affluent de la rivière Saint-Maurice et région de la Haute-Mauricie connue pour ses chantiers d'exploitation forestière dans les années 1930.

5 Papa, lui, avait été embauché comme cuisinier dans un poste d'exploitation forestière à Windigo*, en Haute-Mauricie. Il quittait la maison à la mi-août pour ne revenir qu'à la mi-février. Aux premiers jours d'avril, il (*repartir*) _____, et nous ne le (*revoir*) _____ pas avant la mi-juin.

6 Lorsque mon père (*sortir*) _____ son sac à dos, nous (*savoir*) _____ que l'heure du départ (*être*) _____ arrivée.

***

7 Je suis vieux à présent. Très vieux. Pourtant, je (*revoir*) _____ la scène comme si c'(*être*) _____ hier.

8 Maman lance un regard haineux au grand sac de toile qu'elle a elle-même cousu.

— Sapré havresac !

9 Papa (*sourire*) _____ tristement. En silence, ma sœur Charlotte et moi l'(*aider*) _____ à faire ses bagages.

10 Après un dernier souper en famille, papa (*lancer*) _____ son sac sur son épaule.

— (*Prendre*) _____ soin de votre mère, les enfants !

11 Une petite tape dans le dos. Une caresse dans les cheveux. C'est tout. Il (*ouvrir*) _____ la porte d'un coup et (*partir*) _____ pour la gare. Du bout de la galerie, nous le (*regarder*) _____ disparaître au coin de la rue Principale.

Tiré de : Marie-Andrée BOUCHER MATIVAT, *Le chat de Windigo*, Montréal, Éditions Pierre Tisseyre, 2003, p. 9 à 11.

Mettre les verbes au bon temps

V O I R
PAGE 33, Nº 3.1
+ ANNEXE 1, PAGE 178

Activité 2

Dans le texte ci-dessous, mets les verbes qui sont entre parenthèses au temps qui convient. Tu peux te baser sur certains indices donnés dans le texte. Pense aussi à la signification des temps de verbe.

Un conseil : lis le texte au complet avant de commencer l'activité.

Le narrateur poursuit son récit (voir l'activité précédente). Il raconte maintenant la vie de la famille, après le départ du père.

Pour vérifier la finale des verbes, consulte des tableaux de conjugaison.

Le havresac (suite)

12   Les yeux dans l'eau, maman serre son châle de laine autour de

ses épaules. Elle (*être*) _____ gelée jusqu'aux

os. Papa nous (*quitter*) _____ . La vie s'est

arrêtée. Toute la maisonnée (*être*) _____

en deuil.

13   Et l'absence (*durer*) _____ . Les minutes

(*devenir*) _____ des heures. Les heures, des

jours. Nous (*recevoir*) _____ une première

lettre. Maman nous en (*faire*) _____ la

lecture, après le souper. Papa nous (*dire*) _____

combien nous lui (*manquer*) _____ et comme

il (*avoir*) _____ hâte de nous revoir !

14   Durant quelques minutes, nous (*avoir*) _____

l'impression qu'il (*être*) _____ de retour. Afin

de prolonger cette illusion, nous (*grimper*) _____

dans nos chambres pour lui écrire.

15   En quelques mots, illustrés de dessins colorés, Charlotte lui

(*faire*) _____ le récit de sa première rentrée

scolaire. Moi, je (*raconter*) _____ que

Mettre les verbes au bon temps

*bedeau : employé laïque accomplissant certaines tâches dans une église catholique, dont celle de sonner les cloches pour annoncer les mariages, les baptêmes et les funérailles.

j'(*aider*) _____ le bedeau* à sonner les

cloches pour le baptême du bébé des Lafontaine. Et, bien entendu,

je (*parler*) _____ de Pierrot, mon chat.

16   L'automne (*avoir*) _____ beau être

la saison des couleurs, ça n'(*empêcher*) _____

pas la noirceur de tomber plus tôt. Avec les jours qui

(*raccourcir*) _____ et le froid qui

(*gagner*) _____ de la vigueur, nous nous

(*sentir*) _____ doublement orphelins. Alors,

nous (*multiplier*) _____ les envois postaux.

17   Au fil des mois, nous (*raconter*) _____ tout.

La fête de la Sainte-Catherine. La tire. Les beaux écheveaux blonds

que nous (*étirer*) _____ longuement

avant de les couper en bouchées dont nous nous

(*régaler*) _____ .

Tiré de : Marie-Andrée BOUCHER MATIVAT, *Le chat de Windigo*, Montréal,
Éditions Pierre Tisseyre, 2003, p. 9 à 11.

Activité 3

**Imagine une suite au texte précédent. Écris quelques phrases
pour raconter le retour du père. Fais attention aux temps des verbes.**

Lorsque papa reviendra, nous _____

_____

_____

_____

_____

_____

_____

_____

_____

11 Bien lier les idées entre elles, grâce aux marqueurs de relation

>> **Activité 1**

VOIR

ANNEXE 2, PAGE 180

a) **Lis l'explication suivante avant de commencer l'activité.**

> >> *Comme la majorité de la population habitait à la campagne, la pêche était un loisir répandu.*
>
> Dans cet énoncé, le mot « comme » annonce une **cause**. On pourrait aussi dire :
>
> *Étant donné que la majorité de la population habitait à la campagne, la pêche était un loisir répandu.*
>
> *Parce que la majorité de la population habitait à la campagne, la pêche était un loisir répandu.*

> >> *Il y avait des lignes et des coffres à pêche dans presque toutes les maisons. Les enfants apprenaient donc très jeunes le maniement des cannes et l'utilité des agrès.*
>
> Dans cet énoncé, le mot « donc » exprime une **conséquence** : la conséquence du fait qu'il y avait des coffres à pêche dans presque toutes les maisons. On pourrait aussi dire :
>
> *Par conséquent, les enfants apprenaient très jeunes le maniement des cannes et l'utilité des agrès.*

- car
- comme
- donc
- parce que
- par conséquent

N'oublie pas :
devant une voyelle,
que devient *qu'*.

b) **Dans les phrases suivantes, mets le marqueur de relation approprié, selon le sens indiqué entre parenthèses. Choisis tes réponses parmi les termes de la liste.**

Chaque terme doit être utilisé au moins une fois.

1. En Nouvelle-France, la population d'origine française s'est d'abord

installée sur les rives du fleuve Saint-Laurent ou près d'autres

cours d'eau (*cause*) _____

la proximité de l'eau favorisait l'agriculture.

**Bien lier les idées entre elles,
grâce aux marqueurs de relation**

2. Au Canada, le premier chemin de fer est construit en 1836.
Quelques dizaines d'années plus tard, il est beaucoup plus
développé. Les marchandises et les gens peuvent
(*conséquence*) _____ circuler plus
facilement.

3. Le chemin de fer relie l'est et l'ouest du Canada en 1887.
Il a une grande influence sur l'économie du Canada
(*cause*) _____ il permet le transport des
marchandises à longueur d'année et d'un bout à l'autre du pays.

4. Vers 1900, plusieurs habitants quittent la campagne
(*cause*) _____ il n'y a plus suffisamment
de bonnes terres à cultiver.

5. Des milliers de personnes arrivent dans les villes.
(*conséquence*) _____, les villes prennent
de l'expansion et les industries se développent.

6. (*cause*) _____ la population augmente
de plus en plus, il faut développer le transport en commun et
construire des logements.

Un train, au Canada,
en 1886.

**Bien lier les idées entre elles,
grâce aux marqueurs de relation**

V O I R

↓ ANNEXE 2, PAGE 180

Un conseil : lis toutes
les phrases avant de
commencer.

- car
- ~~comme~~
- donc
- en effet
- et
- mais
- moins... que
- parce que
- plus... que

Activité 2

a) **Complète les phrases à l'aide du marqueur de relation approprié.
Choisis tes réponses dans la liste en marge.**

**Tu dois utiliser tous les termes. Biffe-les au fur et à mesure
que tu les emploies.**

Ex. : Sonia est bâtie _____ *comme* _____ une athlète.

1. Sonia fait beaucoup de sport _____

   elle adore cela. _____.

2. Elle pratique le badminton, la course à pied

   _____ la natation. _____.

3. _____ pendant l'hiver, la jeune fille est

   _____ active _____

   pendant l'été. _____ ; _____.

4. Elle hésite à faire des sports d'extérieur

   _____ elle n'aime pas le froid !

   _____.

5. Elle est quand même _____ audacieuse

   _____ la plupart de ses amis.

   _____.

6. Elle s'est _____ inscrite à des cours de

   judo et d'escalade à l'intérieur. _____.

7. Mais voilà qu'elle a gagné un cours d'initiation au ski de fond !

   Elle sera _____ obligée de mettre son nez

   dehors pendant l'hiver ! _____.

b) **Au bout de chaque phrase, inscris la relation exprimée par le mot
que tu as ajouté. Pour t'aider, consulte les pages 180 et 181.**

Ex. : Sonia est bâtie _____ *comme* _____ une athlète.

_____ *Comparaison* _____.

12 Utiliser des mots qui permettent de suivre le fil des idées

Activité 1

VOIR
ANNEXE 3, PAGE 182

Attention ! Parfois le pronom ne va pas au même endroit que les mots qu'on enlève.

Dans le texte suivant, quelques groupes du nom sont soulignés parce qu'ils contiennent une répétition inutile.

a) **Remplace chaque groupe du nom souligné par un pronom qui convient. Biffe les mots qu'il faut enlever, comme dans l'exemple.**

Ils

Ex. : Kim et Julien adorent se déguiser. ~~Kim et Julien~~ sont pleins d'imagination.

Une catastrophe

Les parents donnent à Kim et à Julien de vieux vêtements.

<u>Kim et Julien</u> vont imaginer un véritable scénario : décor, personnages costumés et aventures. Kim demande à Julien d'aller chercher les

ciseaux, la colle, du fil et une aiguille. Julien est fier, <u>Julien</u> a tout

trouvé. Kim dit à <u>Julien</u> : « Nous allons nous faire des habits de sorcières ! »

Ils invitent Johanna, Désirée et Marie-Aimée à venir voir leur

spectacle. Mais <u>Johanna, Désirée et Marie-Aimée</u> ne peuvent pas venir. « Tant pis, disent Kim et Julien. Invitons notre petit frère. »

En voyant <u>Kim et Julien</u> déguisés, <u>le petit frère</u> a tellement peur qu'il se met à crier et à pleurer.

Les parents accourent. <u>Les parents</u> s'exclament : « Horreur ! Ce sont nos vêtements neufs rétro ! On s'est trompés de sac ! »

b) **Relis le texte en utilisant les pronoms que tu as écrits. Vérifie si cela a du sens.**

Utiliser des mots qui permettent
de suivre le fil des idées

VOIR

PAGE 34, N° 3.3

Lis le texte au complet
avant de commencer
l'activité.

Activité 2

Dans le texte suivant, tu remarqueras que, pour éviter de répéter trop souvent le nom de Jane Goodall, on a utilisé des pronoms et certains groupes du nom.

Entoure les pronoms qui désignent Jane Goodall et souligne les groupes du nom qui ont permis d'éviter une répétition de son nom. Il y a huit pronoms et six groupes du nom à trouver.

Docteure Jane Goodall, une vie de patience et d'audace

1   La passion du docteure Jane Goodall pour les singes remonte à sa petite enfance, en Angleterre. Pour son deuxième anniversaire, en 1936, son père lui donne un chimpanzé en peluche, qui a l'air tout à fait vivant. Vers l'âge de 10 ans, la fillette rêve déjà d'aller en Afrique et de travailler avec les animaux.

2   En 1957, la jeune femme accompagne une amie au Kenya, un pays de l'est de l'Afrique. Ce voyage changera sa vie, car, à cette occasion, elle rencontre Louis Leaky, un scientifique qui fait des recherches sur les ancêtres de l'être humain. Louis Leaky est convaincu qu'en observant les chimpanzés en liberté, on comprendrait mieux comment vivaient nos ancêtres. Le savant est impressionné par les connaissances de Jane Goodall. Celle-ci doit malheureusement retourner dans son pays pour travailler ; mais ce ne sera pas pour longtemps…

3   Trois ans plus tard, le docteur Leaky invite Jane Goodall en Tanzanie, un pays voisin du Kenya. Il lui confie une mission officielle : observer et comprendre les primates* en liberté autour du lac Tanganyika, dans la jungle africaine.

*__primates__ : mammifères qui ont une main capable de saisir un objet.

tiliser des mots qui permettent de suivre le fil des idées

Ne tiens pas compte du pronom « se ».

4   En observant les animaux, sans jamais les déranger, la jeune Anglaise parvient à se faire accepter d'eux. Si bien qu'après plusieurs mois d'observation, elle voit un vieux mâle se fabriquer un outil pointu et s'en servir pour attraper des termites dans leur nid. Cette expérience a bouleversé les certitudes des scientifiques : auparavant, par exemple, on croyait que seul l'être humain pouvait fabriquer des outils et planifier une action dans le futur.

5   Cette découverte capitale pousse Jane Goodall à poursuivre des études : elle devient « docteure Jane », spécialiste en psychologie animale. Par la suite, la pionnière en comportement animal continue à observer les chimpanzés en liberté, vivant encore de longues périodes seule dans la jungle. Elle écrit de nombreux livres et articles sur le mode de vie de ces primates. En 1977, la scientifique reconnue mondialement fonde l'Institut Jane Goodall, voué à la recherche, à l'éducation et à la conservation de la faune.

✳primatologue : scientifique qui étudie les primates.

6   Aujourd'hui, la célèbre primatologue* donne des conférences dans le monde entier afin de convaincre les gens de sauver les grands singes et de protéger leur habitat naturel. Elle est aussi très active dans la défense de la paix dans le monde.

Les informations ont été tirées du site Internet du docteure Jane Goodall France, le 20 mai 2005, et du site de l'Institut Jane Goodall, le 25 mai 2005.

Il reste moins de 150 000 chimpanzés sur la planète alors qu'on en comptait deux millions il y a une centaine d'années. La chasse, le braconnage et la destruction des forêts sont responsables de leur disparition.

Utiliser des mots qui permettent
de suivre le fil des idées

VOIR

ANNEXE 4, PAGE 183

Activité 3

Le choix des déterminants est important pour la cohérence d'un texte.

**Ajoute les déterminants qui manquent dans le texte suivant.
N'oublie pas : chaque déterminant doit être du même genre
et du même nombre que le nom qu'il accompagne.**

1. Je voudrais raconter un de _____ plus précieux

   souvenirs d'enfance. Il s'agit d'_____ spectacle

   de magie auquel j'ai assisté avec _____ camarades

   de la maternelle. J'avais cinq ans.

2. _____ magicien, qui s'appelait Michel, était

   d'_____ grande habileté. Je dirais même qu'il avait

   plus d'_____ tour dans _____ sac.

   Je me rappelle qu'il pouvait couper _____ corde et la

   raccommoder en un tour de main. _____ foulards

   multicolores sortaient sans arrêt de _____ poche et

   de _____ manches. _____ colombe

   s'échappait ensuite de _____ chapeau et voltigeait

   dans _____ salle. _____ enfants

   avaient alors eu peur, mais la plupart d'entre nous avaient ri. À la fin

   de _____ spectacle, Michel avait aussi fait apparaître

   _____ lapin dans _____ même chapeau.

3. J'ai donc été émerveillé par _____ tours de passe-passe

   de _____ prestidigitateur. _____

   dextérité ! À _____ époque, j'étais trop jeune pour

   comprendre que tous _____ numéros étaient truqués.

4. Aujourd'hui, quand j'assiste à de tels tours d'adresse, j'essaie d'en

   découvrir _____ astuces. Mais je suis toujours aussi

   captivé qu'à _____ âge de _____ ans !

13 Synthèse

Le texte suivant est extrait d'un roman. Lis-le au moins une fois avant de faire les activités. Remarque les mots qui te permettent de suivre le fil des idées.

Dans le roman, monsieur Tram est le grand-père d'une petite fille qui s'appelle Chang.

C'est une amie de Chang qui raconte l'histoire.

Un Yéyé trempé

1   Monsieur Tram tenait une casserole contre son ventre. Trois gros chaudrons formaient un demi-cercle à ses pieds. Ses cheveux, blancs comme une première neige, faisaient une tache claire sur le vert de la pelouse. Droit comme un I, aussi immobile et mystérieux qu'une statue, le grand-père de Chang se laissait fouetter par le vent et la pluie.

2   Mon amie et moi, au sec sous le petit toit du perron, nous attendions que son grand-père se décide à venir se mettre à l'abri. Chang tenait un parapluie dans une main et un imperméable dans l'autre.

    — Il n'en veut pas, m'a-t-elle dit, découragée.

3   Son grand-père était débarqué de Chine à la fin juin, à la date précise de mon dernier jour d'école. Par politesse, je ne me suis pas aussitôt précipitée chez Chang. J'ai donné à monsieur Tram quelques jours pour apprivoiser son nouveau pays. Mais une semaine après l'arrivée de son grand-père, mon amie ne m'avait pas donné signe de vie. Pour une fille impatiente comme moi, c'était difficile à supporter. Surtout que j'étais en vacances, que je n'avais rien à faire et que je mourais d'envie de connaître un vrai Chinois de Chine.

4   Je m'étais donc amenée chez les Tram sans invitation. Quand j'ai vu le vénérable grand-père posté sous la pluie sans parapluie, entouré de chaudrons, j'ai compris pourquoi Chang avait hésité à me le présenter.

Synthèse

— Qu'est-ce qu'il fait avec tous ces chaudrons ?

— Il recueille de l'eau pour son bonsaï, a répondu Chang d'un ton résigné.

— Son quoi ?

— Son bonsaï. Son arbre miniature.

— Il ne peut pas arroser son arbre avec l'eau du robinet ?

5   Chang a secoué la tête. Les plis de sa bouche tournaient vers le bas. Elle l'avait pourtant attendu avec tellement d'excitation, celui qu'elle appelait son Yéyé. Un évènement d'autant plus réjouissant que le grand-père avait refusé pendant des années d'immigrer au Canada. Maintenant qu'il était enfin là, mon amie n'avait pas l'air enchantée.

— Ça ne va pas ?

6   Elle a poussé un soupir.

— Ça va merveilleusement. Yéyé mange du bout des lèvres. Il parle à peine. Il n'a pas souri une seule fois depuis qu'il est descendu de l'avion. Pas une seule fois !

— Il n'aime pas Montréal ?

— Il n'en finit plus de s'inquiéter pour son bonsaï malade. Ça l'obsède.

7   Chang m'a entraînée dans leur salon. Sur une table basse trônait un arbre miniature planté dans un pot rectangulaire.

— Voici son trésor, un héritage de son grand-père.

8   L'arbre était à peine plus gros qu'un bouquet de fleurs. À la base de son tronc rugueux poussait un deuxième tronc, plus petit. Ses branches pendouillaient. Le vert de ses aiguilles tirait sur le jaune. Je n'y connais rien aux arbres, mais je voyais bien que celui-là n'avait pas bonne mine. Pourquoi tant de chichi pour ce vieux conifère maigrichon ?

Tiré de : Andrée POULIN, *Les impatiences de Ping*, Montréal, Québec Amérique jeunesse, 2005, p. 13 à 15.

Synthèse

Activité 1

a) L'auteure du texte a utilisé des pronoms et quelques groupes du nom pour éviter de répéter constamment le nom de monsieur Tram. Entoure ces pronoms et souligne les groupes du nom.

b) Dans le dernier paragraphe du texte, le bonsaï est désigné à l'aide d'un pronom et de deux groupes du nom.

>> Quel est le pronom ? _____

>> Quels sont les deux groupes du nom ?

_____

_____

Activité 2

VOIR

ANNEXE 1, PAGES 178-179

Complète les phrases suivantes en mettant les verbes entre parenthèses au temps approprié.

1. Le mois dernier, le grand-père (*immigrer*) _____

au Canada.

2. Quand je suis arrivée chez Chang, son grand-père (*tenir*)

_____ une casserole contre son ventre.

3. Si le bonsaï (*aller*) _____ bien, le grand-père

(*être*) _____ plus heureux.

Activité 3

VOIR

ANNEXE 2, PAGES 180-181

Dans les phrases suivantes, remplace le mot souligné par un mot qui exprime la même relation. Tu peux consulter le tableau de l'annexe 2.

1. Quand _____ j'ai vu le vénérable grand-père

posté sous la pluie sans parapluie, entouré de chaudrons, j'ai compris

pourquoi Chang avait hésité à me le présenter.

2. Je n'y connais rien aux arbres, mais _____,

je voyais bien que celui-là n'avait pas bonne mine.

Quatrième partie

Le vocabulaire

Un vocabulaire précis, varié et évocateur

> Pour que ton texte soit intéressant, ton vocabulaire doit être précis, varié et, dans certains cas, évocateur.

4.1 Un vocabulaire juste et précis

🐾 **Il y a un mot pour chaque chose. Utilise-le !**

Exemple :

Au lieu de dire : *J'ai besoin de <u>l'affaire</u> pour ouvrir les conserves*, tu peux dire : *J'ai besoin de <u>l'ouvre-boîte</u>*.

🐾 **Élimine de tes textes les expressions ou les termes erronés.**

Exemples :

On dit « descendre » et non pas « descendre en bas » (on ne peut pas descendre en haut, n'est-ce pas ?).

On dit « monter » et non pas « monter en haut ».

On dit « de la monnaie » et non pas « du change » (« change », dans ce sens, est le mot anglais).

4.2 Un vocabulaire varié

Évite les répétitions inutiles ou trop fréquentes. Lorsque c'est pertinent, remplace les termes qu'on emploie très souvent comme *avoir*, *être*, *faire*, *beau*, *grand*, par des mots plus recherchés.

Pour varier ton vocabulaire, tu peux recourir aux synonymes de même qu'aux noms génériques ou spécifiques. (Ces termes sont expliqués ci-dessous.)

A. Les synonymes

Un **synonyme** est un mot qui, dans le même contexte, a à peu près la même signification qu'un autre mot.

Mais attention ! Deux mots peuvent parfois être synonymes, et parfois non.

Cela dépend du contexte.

*Mon père est **tendre**.* *Mon père est **affectueux**.*	*Dans ces deux phrases, les adjectifs « tendre » et « affectueux » sont synonymes.*
Cette viande est très tendre. *Cette viande est très ~~affectueuse~~.*	*Dans ces deux phrases, les adjectifs « tendre » et « affectueuse » ne sont pas synonymes.*

Tu peux trouver des synonymes dans des dictionnaires usuels (cherche la mention « syn. ») ou dans des dictionnaires de synonymes.

B. Les noms génériques et les noms spécifiques

Jane Goodall a observé <u>les chimpanzés</u> en liberté. Elle a écrit de nombreux livres et articles sur le mode de vie de <u>ces primates</u>.

Au lieu de répéter le groupe du nom « les chimpanzés », dans le texte de la page 45, on a utilisé un autre groupe du nom : « ces primates ».

Le nom « primates » englobe d'autres animaux que les chimpanzés : il englobe, par exemple, les gorilles, les singes, les chimpanzés, les ouistitis. On dit que c'est un **nom générique**.

Chaque nom englobé par le nom générique est un **nom spécifique**.

Voici d'autres exemples.

Nom générique • Arbre

Noms spécifiques
érable • orme • peuplier • chêne
frêne • bouleau

Nom générique • Oiseau

Noms spécifiques
moineau • mésange • hirondelle
merle • colibri

En recourant judicieusement tantôt au nom générique, tantôt au nom spécifique, on évite des répétitions et on fournit en même temps aux lecteurs un renseignement intéressant.

4.3 Un vocabulaire évocateur

Avoir un vocabulaire évocateur, c'est recourir à des mots ou à des expressions qui suggèrent des images, des sensations, des sentiments. Ce procédé rend un texte vivant.

Exemple :

Sidonie partit vite.
*Sidonie partit **comme une flèche.***

La deuxième phrase permet beaucoup mieux que la première d'imaginer le départ de Sidonie… C'est grâce à la **comparaison** « comme une flèche ».

Voici un autre exemple, tiré du texte « Le havresac », page 38 de ce cahier.

Maman est gelée jusqu'aux os. Papa nous a quittés. La vie s'est arrêtée. Toute la maisonnée est en deuil.

La mère ne peut pas vraiment avoir les os gelés : c'est une façon de parler. La vie ne s'est pas non plus vraiment arrêtée : tout le monde est encore vivant, y compris le père parti travailler en forêt. La maisonnée n'est donc pas vraiment en deuil.

Toutes ces phrases sont des **images** : en évoquant le froid, la mort, le deuil, elles nous font ressentir vivement ce qu'éprouve la famille à cause de la longue absence du père.

14 Utiliser un vocabulaire juste et précis

Activité 1

Complète les phrases suivantes en ajoutant le mot juste : *très*, *tellement* ou *beaucoup*.

1. Éva aime _____ son chat qu'elle ne peut plus s'en passer.

2. Carlos aime _____ son chien parce qu'il est attachant.

3. Il fait _____ froid que l'auto ne démarre pas.

4. Il fait _____ trop froid pour aller jouer dehors.

5. Maria déploie _____ d'efforts, car elle veut participer à la compétition.

6. Dominique déploie _____ d'efforts qu'il est sûr de réussir.

7. Cette maquette est _____ bien exécutée : j'en suis fier.

Activité 2

Les mots « combien » et « comment » ne doivent pas être confondus : ils n'ont pas la même signification.

Dans les phrases suivantes, utilise le mot juste : *combien* ou *comment*.

1. _____ allez-vous aujourd'hui ?

2. _____ de fruits avez-vous mangés ?

3. Dites-moi _____ de livres vous avez lus pendant vos vacances.

4. Je vais vous expliquer _____ construire une cabane pour les hirondelles.

5. Pourriez-vous me dire _____ coûte ce t-shirt ?

Utiliser un vocabulaire juste et précis ▶▶ **Activité 3**

Le mot « super » est acceptable quand on parle, mais il est préférable de ne pas en abuser dans un texte écrit.

Dans les groupes du nom suivants, biffe le mot « super » et remplace-le par un terme plus précis. Choisis tes réponses dans la liste d'adjectifs, en tenant compte de la définition donnée entre parenthèses.

N'utilise chaque adjectif qu'une seule fois et n'oublie pas de l'accorder.

- **accueillant**
- **captivant**
- **chaleureux**
- **détendu**
- **éclatant**
- **efficace**
- **émouvant**
- **loyal**
- **précieux**
- **succulent**

1. Un ami super _____
(sur qui on peut compter)

2. Un film super _____
(qui capte l'intérêt)

3. Un repas super _____
(qui est savoureux)

4. Un spectacle super _____
(qui suscite des émotions)

5. Une beauté super _____
(qui illumine)

6. Un cadeau super _____
(qui a une grande valeur)

7. Un remède super _____
(qui produit l'effet voulu)

8. Un accueil super _____
(qui fait chaud au cœur)

9. Une atmosphère super _____
(où le calme règne)

10. Une maison super _____
(où l'on est bien accueilli)

Utiliser un vocabulaire
juste et précis

Activité 4

a) Écris le mot approprié en dessous de chaque illustration.
Une fois l'activité corrigée, retiens chaque mot et ce qu'il désigne.
Apprends aussi par cœur l'orthographe des différents mots.

- une bicyclette
  (*ou* un vélo)
- une moto (*ou* une
  motocyclette)
- des patins à roues
  alignées*
- une planche
  à roulettes
- une trottinette
- un scooter

* Dans certains dictionnaires,
tu trouveras aussi « patins
en ligne ».

1. _____   2. _____

3. _____   4. _____

5. _____   6. _____

b) Dans les phrases suivantes, les mots soulignés constituent
des erreurs de vocabulaire. Corrige-les.

1. Hier, j'ai fait <u>du bicycle</u>.   _____

2. Isabel a eu <u>des roller blades</u>.   _____

3. Éric préfère <u>le skateboard</u>.   _____

4. Ma grand-mère adore aller en <u>skidoo</u>.   _____

5. Mon grand frère roule en <u>bicycle à gaz</u>.   _____

Utiliser un vocabulaire
juste et précis

Activité 5

a) Écris le mot approprié en dessous de chaque illustration.
Une fois l'activité corrigée, retiens chaque mot et ce qu'il désigne.
Apprends aussi par cœur l'orthographe des différents mots
et leur genre.

- des casseroles
- un éplucheur
- une essoreuse
  à salade
- un grille-pain
- une louche
- un ouvre-boîte
- un ouvre-bouteille
  (*ou* un décapsuleur)
- des passoires
- un pilon
- une poêle (à frire)
- un presse-citron
- une râpe
- un robot de cuisine
- des spatules

N'hésite pas à consulter
un dictionnaire !

1. _____   2. _____

3. _____   4. _____

5. _____   6. _____

7. _____   8. _____

Utiliser un vocabulaire juste et précis

9. _____ **10.** _____

11. _____ **12.** _____

13. _____ **14.** _____

b) **Qui suis-je ?**

1. Je sers à faire des purées de pommes de terre ou de légumes.

_____

2. On m'utilise pour servir la soupe. _____

3. Je sers à enlever les capsules des bouteilles.

_____

4. Je sers à enlever la peau des fruits et des légumes.

_____

15 Avoir un vocabulaire varié

Activité 1

VOIR

DICTIONNAIRE

Remplace le verbe *avoir* par un verbe synonyme, que tu choisiras dans la liste. Récris correctement chaque phrase, en n'oubliant pas d'accorder le verbe.

N'utilise chaque verbe qu'une seule fois. Biffe les verbes au fur et à mesure que tu les utilises.

Ex. : Cette personne <u>a</u> trois maisons et quatre autos !

*Cette personne **possède** trois maisons et quatre autos !*

- éprouver
- obtenir
- porter
- ~~posséder~~
- se procurer
- recevoir
- remporter
- trouver

1. Alexis <u>a</u> de bonnes notes à l'école.

_____

2. Mais aujourd'hui, il <u>a</u> de la difficulté à se concentrer.

_____

_____

3. Cet après-midi, sa mère va <u>avoir</u> un appel téléphonique du père de Simon.

_____

_____

4. Celui-ci veut emmener Alexis et Simon à un concours de déguisements. Le vainqueur <u>aura</u> un prix fabuleux.

_____

5. « Où peut-on <u>avoir</u> rapidement du tissu, du carton et des plumes ? » demande Alexis.

_____

_____

6. « Il faudrait que j'<u>aie</u> du tissu très solide. »

_____

7. « Arrête de t'inquiéter, lui dit sa mère. L'important est que vous vous amusiez ! Veux-tu <u>avoir</u> ma robe de mariée ? »

_____

Activité 2

Remplace le verbe *faire* par un verbe synonyme, que tu choisiras dans la liste. Récris correctement chaque phrase, en n'oubliant pas d'accorder le verbe.

N'utilise chaque verbe qu'une seule fois. Biffe les verbes au fur et à mesure que tu les utilises.

Parfois, à cause du changement de verbe, le complément du verbe *faire* est modifié ou il disparaît, comme dans l'exemple.

Ex. : Je <u>fais</u> une promenade.

Je **me promène.** _____

- **bricoler**
- **collectionner**
- **composer**
- **confectionner**
- **construire**
- **creuser**
- **dresser**
- **fournir**
- **parcourir**
- **produire**
- ~~se promener~~

1. Le père d'Augusta va <u>faire</u> une remise.

_____

2. Zoé <u>fait</u> une collection de billes.

_____

3. <u>Fais</u>-moi la liste de tous tes livres.

_____

4. Pourrais-tu <u>faire</u> treize kilomètres à pied ?

_____

5. J'ai <u>fait</u> une chanson.

_____

6. Émilio <u>fait</u> du bricolage.

_____

7. Justin <u>fait</u> des efforts remarquables.

_____

8. La marmotte a <u>fait</u> un trou.

_____

9. Chloé <u>fait</u> des vêtements.

_____

10. La glace qui fond <u>fait</u> des inondations.

_____

Avoir un vocabulaire varié

VOIR
PAGE 52, Nº 4,2 B

Activité 3

a) **Dans l'extrait de texte suivant, l'auteur a utilisé un nom générique et un nom spécifique afin d'éviter une répétition.**

Pendant environ 165 millions d'années, les dinosaures ont dominé la vie sur la Terre. Ils étaient répandus sur toute la planète. Ils avaient une peau formée d'écailles et donnaient naissance en pondant des œufs. Certains de ces animaux étaient gigantesques, mais d'autres n'étaient pas plus gros qu'une poule.

>> Quel est le nom générique ?   _____

>> Quel est le nom spécifique ?   _____

b) **Dans le texte « Un Yéyé trempé » (pages 47 et 48 de ce cahier), aux paragraphes 6 et 7, l'auteure a utilisé les noms « bonsaï » et « arbre » pour parler de la même plante.**

>> Lequel est un nom générique ?   _____

>> Lequel est un nom spécifique ?   _____

c) **Rédige quelques phrases dans lesquelles tu emploieras le terme générique « instruments de musique » et des noms spécifiques.**

_____

_____

_____

_____

_____

_____

16 Choisir un vocabulaire évocateur

» Activité

Les comparaisons peuvent t'aider à préciser ta pensée et à rendre tes textes plus vivants.

Par exemple, pour décrire quelqu'un qui a peur, tu peux utiliser l'expression « trembler comme une feuille ».

Complète les comparaisons à l'aide des mots donnés en marge.

- un âne
- un bœuf
- bonjour
- des champignons
- de l'eau de roche
- l'éclair
- un fou
- une image
- du marbre
- une marmotte
- un paon
- une pie
- une plume
- un renard
- un rossignol
- un sou neuf
- une tortue
- du verre

1. Pousser comme _____

2. Rire comme _____

3. Chanter comme _____

4. Dormir comme _____

5. Fort comme _____

6. Têtu comme _____

7. Froid comme _____

8. Brillant comme _____

9. Clair comme _____

10. Fragile comme _____

11. Simple comme _____

12. Bavard comme _____

13. Orgueilleux comme _____

14. Lent comme _____

15. Léger comme _____

16. Rusé comme _____

17. Rapide comme _____

18. Sage comme _____

17 Synthèse

Un élève a écrit le texte suivant, qui décrit le premier carnaval qu'il a vu. Peux-tu l'aider à améliorer le vocabulaire?

Lis d'abord le texte au complet.

Le carnaval de Paulo

1 Paulo ne sait plus où regarder : tout est beau. **2** Avec des cris, des chants et des rires, les festivités viennent de débuter dans un grand bruit. **3** Les rues, d'ordinaire tristes et grises, sont gaies.

4 La ville a mis son masque de fête. **5** Des décors super s'ajoutent aux couleurs des costumes spectaculaires. **6** Les costumes sont faits de plumes multicolores et de paillettes étincelantes.

7 Les serpentins et les confettis volent de partout.

8 Paulo est content. **9** La foule défile dans les rues en dansant, emportée par des musiques gaies.

10 À la tombée de la nuit, Paulo, fatigué, s'endort sur l'épaule de son père. **11** Il a la tête remplie de musiques, de couleurs et d'odeurs enivrantes. **12** La fête est loin d'être terminée, car il entend les échos d'une samba. **13** Il aura longtemps le souvenir de ça.

Synthèse

VOIR

DICTIONNAIRE

Exécute maintenant les consignes qui suivent. Biffe les mots que tu remplaces et écris tes suggestions au-dessus.

a) **Phrase 1** – Le mot « beau » est plutôt banal. Remplace cet adjectif par un synonyme qui rend mieux compte de l'émerveillement de Paulo.

b) **Phrase 2** – Remplace le groupe du nom « un grand bruit » par un autre groupe du nom, plus évocateur.

c) **Phrase 5** – Remplace le mot « super » par un adjectif plus juste.

d) **Phrases 5 et 6** – Le mot « costumes » est utilisé deux fois de suite. Remplace-le dans la deuxième phrase.

e) **Phrase 8** – Paulo est bien plus que « content » ! Remplace cet adjectif par un synonyme plus précis.

f) **Phrases 3 et 9** – Le mot « gai » est utilisé deux fois. Dans les deux cas, remplace-le par un synonyme.

g) **Phrase 13** – Remplace le verbe *avoir* par un autre verbe.

h) **Phrase 13** – Le pronom « ça » n'est pas bien utilisé. Remplace-le par un groupe du nom.

i) Même si le choix de son vocabulaire n'est pas toujours satisfaisant, l'auteur de ce texte a utilisé une expression évocatrice, qui permet d'imaginer la ville. Écris ici la phrase qui exprime une image.

_____

j) Relis le texte avec tes corrections. As-tu accordé tes adjectifs avec les noms ? As-tu écrit correctement tous les mots que tu suggères ?

Cinquième partie

Syntaxe

La construction des phrases et leur ponctuation finale

Quand tu écris, pour être bien compris, tu dois soigner la construction de tes phrases.

5.1 Qu'est-ce qu'une phrase ?

Observe les exemples **A** et **B**.

A. *Ma famille aime manger dehors.* | **B.** *manger famille aime ma dehors.*

Qu'est-ce qui différencie l'exemple **A** de l'exemple **B** ?

Dans l'exemple **A**, les mots sont présentés dans le bon ordre, ils sont reliés entre eux et le tout a un sens. C'est cet ensemble de mots ordonnés, qui a un sens, qu'on appelle une **phrase**. De plus, l'exemple **A** commence par une majuscule et se termine par un point.

L'exemple **B** n'est qu'une succession de mots : il n'a pas de sens.

5.2 La phrase : un groupe sujet et un groupe du verbe

La majorité des phrases qui composent un texte comprennent un groupe sujet (GS) et un groupe du verbe (GV).

■ = GS

■ = GV

A. *Ma famille aime manger dehors.*

Dans ces deux exemples, c'est un groupe du nom qui remplit la <u>fonction</u> « sujet ».

Dans la plupart des cas, le groupe sujet est placé avant le groupe du verbe.

B. *Ma famille est plutôt bizarre.*

Au secondaire, tu verras qu'on appelle « prédicat » la <u>fonction</u> jouée par le groupe du verbe.

On peut dire « sujet » ou « groupe sujet » de la phrase.

Le **groupe sujet**, c'est de qui ou de quoi parle la phrase. Ainsi, dans les exemples **A** et **B**, on parle de « ma famille ».

Le **groupe du verbe**, c'est ce qu'on dit à propos du sujet. Dans l'exemple **A**, on dit de ma famille qu'elle aime manger dehors ; dans l'exemple **B**, on dit qu'elle est plutôt bizarre.

Pour en savoir plus sur le sujet, consulte la 10e partie.

5.3 Le groupe sujet

Pour trouver le **sujet**, pose la question « Qui est-ce qui... ? » devant le groupe du verbe. Réponds à l'aide de : « C'est... qui... »

Remarque – Dans le cas de choses, on dit « Qu'est-ce qui... ? »

Ma famille aime manger dehors.
Qui est-ce qui *aime manger dehors*?
C'est *ma famille* **qui** *aime manger dehors.*

Ma famille = sujet

Elle est plutôt bizarre.
Qui est-ce qui *est plutôt bizarre*?
C'est *elle* **qui** *est plutôt bizarre.*

Elle = sujet

5.4 Le groupe du verbe

A. Le principal mot du groupe du verbe : le verbe conjugué

Un **verbe conjugué**, c'est un verbe qui est employé à un temps et à une personne.

Nous avons apporté un tas de choses à manger.

Dans cet exemple, le verbe *apporter* est employé au passé composé, à la première personne du pluriel. Il peut se conjuguer à un autre temps, à une autre personne.

B. Le reste du groupe du verbe

🐾 **En plus du verbe conjugué, le groupe du verbe peut contenir un ou des mots qui complètent le verbe. Ce sont des compléments du verbe.**

⬛ = GS
⬛ = GV

A. *Les invités arrivent.* ⟶ Ici, il n'y a pas de complément dans le groupe du verbe. Le GV est composé uniquement d'un verbe.

B. *Les invités ont apporté leurs chaises.* ⟶ « leurs chaises » : complément du verbe *apporter*.

C'est un **complément direct** : il complète le verbe sans l'intermédiaire d'une préposition.

C. *Les invités ont apporté un cadeau à ma mère.* ⟶ « à ma mère » : complément du verbe *apporter*.

C'est un **complément indirect** : il commence par une préposition : *à*.

🐾 **Quand le verbe conjugué est le verbe *être*, il est suivi d'un adjectif ou d'un groupe du nom qui nous renseigne sur le sujet. Ce sont des attributs du sujet.**

C'est le cas également des verbes *sembler*, *paraître*, *devenir*.

Pour l'accord des
adjectifs attributs,
voir la 11e partie.

D. *Les cousins sont* <u>turbulents</u>.

E. *Ils semblent <u>de vrais petits diables</u>.*

Les verbes *être*, *sembler*, *paraître*, *devenir* ne peuvent pas constituer à eux seuls un groupe du verbe. *Les cousins sont.* Ça ne veut rien dire : ce n'est pas une phrase.

= GS

= GV

En résumé, un GV peut comprendre :
– un verbe seul (exemple **A**) ;
– un verbe + un ou des compléments (exemples **B** et **C**) ;
– le verbe *être* (ou *sembler*, *paraître*, *devenir*) + un ou des attributs du sujet (exemples **D** et **E**).

Remarque – Le verbe peut être accompagné d'un adverbe.
*Les invités mangent **vite**.*

5.5 Le complément de phrase

Souvent, en plus du groupe sujet et du groupe du verbe, un groupe s'ajoute pour apporter un complément d'information à la phrase : on appelle ce groupe **complément de phrase**.

Pour être considéré comme un complément de phrase, un groupe de mots :

– doit apporter une précision à toute la phrase ;

– peut être enlevé ;

– peut être déplacé à l'intérieur de la phrase.

L'abréviation GCP (ou CP) désigne le complément de phrase.

Le CP est surligné en rose.

A. *Ma famille aime manger dehors l'été.* → On peut enlever « l'été » et la phrase a toujours du sens.

Cela montre que le CP n'est pas obligatoire (il est facultatif).

B. *L'été, ma famille aime manger dehors.* → On peut déplacer « l'été » : la phrase se dit toujours aussi bien et elle veut toujours dire la même chose. Remarque l'emploi de la **virgule**.

C. *Ma famille, l'été, aime manger dehors.*

D. *Ma famille aime manger dehors l'été, quand le temps le permet.* → Ici, il y a deux CP. Ils sont séparés par une **virgule**.

Un CP peut contenir lui-même un GS et un GV : *quand le temps le permet*.

En résumé, on peut donc représenter une phrase par : GS + GV + CP

5.6 Différents types de phrases

Il y a des phrases déclaratives, des phrases exclamatives, des phrases interrogatives, des phrases impératives et des phrases à construction particulière.

Le point final varie : point, point d'exclamation ou point d'interrogation.

5.7 Les phrases déclaratives

Les **phrases déclaratives** constatent, affirment ou déclarent quelque chose.

Ce sont les phrases les plus répandues. Elles forment la majeure partie des phrases d'un texte.

Elles se terminent par un **point**.

Les phrases déclaratives contiennent <u>toujours</u> un groupe sujet et un groupe du verbe, et parfois un complément de phrase.

Ma famille aime manger dehors, quand le temps le permet, l'été. → Ici, il y a deux CP.
    GS   **GV**   **CP**   **CP**

Les enfants de ma tante sont très turbulents. ⟶ Ici, il n'y a pas de CP.
       GS   **GV**

Dans certains cas, une phrase déclarative peut se terminer par un point d'exclamation : *Ils ont apporté cinq douzaines de saucisses !*

5.8 Les phrases exclamatives

Les **phrases exclamatives** expriment avec émotion ou insistance un sentiment, un jugement, une opinion.

Elles commencent par un **mot exclamatif** et se terminent toujours par un **point d'exclamation**.

= GS

Quelle famille merveilleuse nous avons là !

Comme nous sommes bien !

Que ces maringouins sont mignons !

Les exemples donnés ici comportent tous un groupe sujet et un groupe du verbe.

Remarque – On peut aussi produire une **exclamation** sans recourir à un groupe sujet et à un groupe du verbe. Bien sûr, il ne faut pas oublier le point d'exclamation.

« Quel bon dessert ! »

« Quelles belles fraises ! »

« Ah ! manger ces fraises et mourir ! »

5.9 Les phrases interrogatives

Les **phrases interrogatives** posent une question.
Elles comportent un groupe sujet et un groupe du verbe.
Elles se terminent par **un point d'interrogation**.

Il y a quatre façons de construire une phrase interrogative. Quelle que soit la façon que tu utilises, n'oublie pas le point d'interrogation !

= GS

Constructions de phrases interrogatives	Exemples	À observer
1. On peut utiliser « Est-ce que » au début de la phrase.	**A. *Est-ce que* ma famille** aime manger dehors **?** **B. *Est-ce que* tu** aimes venir manger avec nous **?**	
2. On peut commencer la phrase par le groupe du nom qui sera sujet et ajouter, après le verbe, un pronom du même genre et du même nombre que le nom : *il, ils, elle* ou *elles*.	**C.** *Ma famille aime-t-**elle** manger dehors* **?** **D.** *Les cousins turbulents sont-**ils** arrivés* **?**	Dans le cas de deux voyelles qui se suivent (*aime **e**lle*), on ajoute un ***t*** entre le verbe et le pronom qui le suit. (Exemple **C**.) Remarque dans tous les cas la présence des **traits d'union**.
3. Quand le sujet est un pronom personnel, on peut commencer par le verbe et le faire suivre immédiatement du pronom.	**E.** *Allons-**nous** partir tard* **?** **F.** *As-**tu** aimé le dessert* **?**	Avec *je*, utilise plutôt « Est-ce que... ? » : ***Est-ce que* j'ai trop mangé ?** Quand le verbe est conjugué avec un auxiliaire, le pronom est placé entre cet auxiliaire et le verbe. (Exemple **F**.) Remarque bien le **trait d'union**.
4. On utilise un mot interrogatif, qu'on choisit selon la réponse qu'on veut obtenir. Quelques mots interrogatifs : *combien, comment, où, pourquoi, quand* *quel, quelle, quels, quelles* *qui, que, quoi, laquelle, lequel, lesquels, lesquelles.*	**G. *Quels** pains as-**tu** apportés* **?** **H. *Où* ma famille** aime-t-elle manger **?** **I.** *Avec **quoi** le chien est-il parti* **?**	Observe bien les exemples **H** et **I** : quand le sujet est un groupe du nom, on fait suivre parfois le verbe d'un trait d'union et d'un pronom de la 3e personne.

On peut aussi poser une **question** à l'aide d'une phrase déclarative suivie d'un point d'interrogation : *Ils sont vraiment venus en pyjama* **?**

Cette construction s'utilise surtout quand on parle. On peut cependant l'employer à l'écrit, pour faire un effet de style ou dans un dialogue.

Il y a des questions encore plus brèves : *Ah oui, vraiment* **?**

5.10 Les phrases impératives

Les **phrases impératives** expriment un ordre, une demande, un conseil. Le verbe utilisé doit être à l'impératif. Il n'y a pas de groupe sujet. Ces phrases se terminent par un point, parfois par un point d'exclamation.

*Ne **mange** pas trop.* ————————→ Le verbe à l'impératif n'existe qu'à la 2e personne du singulier,

*__**Allons**__ courir avec le chien.* ————→ à la 1re personne du pluriel

*__**Attachez**__ bien Coluche.* ————→ ou à la 2e personne du pluriel.

*__**Passe**__-moi le maïs, s'il te plaît!* ———→ Lorsqu'il y a un pronom complément, il est placé après le verbe. Un trait d'union unit les deux mots.
*Coluche, **attends**-nous!*

5.11 Les phrases à construction particulière

Il existe d'autres constructions de phrases, qu'on appelle **phrases à construction particulière**. De telles phrases n'ont ni groupe sujet ni groupe du verbe.

Bonjour! Quel beau temps!
Voici notre lunch.
Il y a du blé d'Inde et des saucisses. Est-ce qu'il y a des bleuets?
Défense de fumer. Ne pas marcher sur la pelouse.

5.12 La phrase de forme négative

Une **phrase négative** exprime le contraire d'une phrase de forme positive. Elle sert à nier, à refuser ou à interdire quelque chose, grâce à l'emploi de **mots de négation**.

Observe les types de phrases les plus souvent utilisés à la **forme négative**.

	Forme positive	Forme négative
Phrase déclarative	*Le chat a eu peur du chien.*	*Le chat **n'**a **pas** eu peur du chien.*
Phrase impérative	*Attends-moi!*	***Ne** m'attends **pas**!*
Phrase construite avec « il y a... »	*Il y a des bleuets pour le dessert.*	*Il **n'**y a **pas** de bleuets pour le dessert.*

Une phrase négative comprend généralement **deux mots de négation** ; un de ces deux mots est le *ne* (ou *n'*).

Attention ! Quand on parle, on ne prononce pas toujours le *ne*, mais à l'écrit, il est obligatoire !

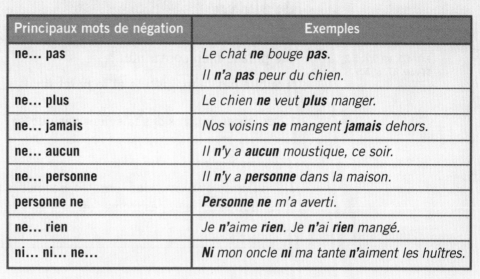

N'oublie pas ! *Ne* devient *n'* devant une voyelle ou un *h* muet.

Principaux mots de négation	Exemples
ne… pas	*Le chat **ne** bouge **pas**.* *Il **n'a pas** peur du chien.*
ne… plus	*Le chien **ne** veut **plus** manger.*
ne… jamais	*Nos voisins **ne** mangent **jamais** dehors.*
ne… aucun	*Il **n'y** a **aucun** moustique, ce soir.*
ne… personne	*Il **n'y** a **personne** dans la maison.*
personne ne	***Personne ne** m'a averti.*
ne… rien	*Je **n'aime rien**. Je **n'ai rien** mangé.*
ni… ni… ne…	***Ni** mon oncle **ni** ma tante **n'aiment** les huîtres.*

5.13 Pour vérifier la construction de tes phrases, en général

1° Vérifie si tu as un <u>verbe conjugué</u>.

Pour savoir ce qu'est un verbe conjugué, voir la section **5.4**, p. 66.

Certaines phrases n'ont pas de verbe conjugué ; à ce sujet, voir la section **5.11**, p. 70.

2° Si tu as un verbe conjugué, tu dois avoir un <u>sujet</u>.

Pose la question « Qui est-ce qui… ? » devant ton groupe du verbe. Si tu ne trouves pas de réponse <u>dans les mots que tu as écrits</u>, ta phrase est sans doute mal construite. Relis-la et ajoute un sujet.

Pour plus de détails, voir la section **10.3**, p. 131.

3° Si tu as un <u>complément de phrase</u> au début de la phrase ou entre le sujet et le groupe du verbe, tu dois le détacher par une ou des <u>virgules</u>.

Pour savoir ce qu'est un complément de phrase, voir la section **5.5**, p. 67.

4° N'oublie pas le <u>point final</u>. Ce peut être un point, un point d'exclamation ou un point d'interrogation, selon ce que tu veux exprimer.

18 Travailler la construction des phrases

Activité 1

VOIR

PAGE 65, Nᵒˢ 5.1, 5.2
ET PAGE 67, Nᵒ 5.5

Mets les mots dans le bon ordre afin que chaque énoncé constitue une phrase bien construite.

N'oublie pas la majuscule et le point final.

1. culbutes cousins des faisaient partout les

_____

2. ma tante avait mis des tomates, des petits pains dans son panier à pique-nique et des fromages.

_____

_____

3. Nous préparons un pique-nique chaque semaine et des jeux.

_____

_____

4. a renversé mon verre de lait sur mon pantalon le chien Coluche

_____

_____

Activité 2

VOIR

PAGE 65, Nᵒ 5.1
ET PAGE 67, Nᵒ 5.5

Délimite le début et la fin des phrases en mettant, dans le texte suivant, les majuscules et les points nécessaires.

quand j'étais jeune, l'album illustré *Ma vache Bossie* était un de mes livres préférés l'auteure du livre est l'écrivaine canadienne Gabrielle Roy très souvent, je demandais à ma mère de me lire cet album c'est l'histoire d'une petite fille qui vivait au Manitoba pour ses huit ans, son père lui donna en cadeau une vache la famille décida de nommer la vache «Bossie» tous les jours de l'été, la petite fille devait garder Bossie parfois, celle-ci arrachait son piquet et se sauvait

Travailler la construction des phrases

V O I R
PAGE 67, Nº 5.5

Activité 3

Souligne les compléments de phrase. Ajoute la ou les virgules nécessaires, s'il y a lieu.

1. Dans le grand parc près de la rivière il y a un bel endroit pour pique-niquer.

2. Nous nous rejoignons là chaque semaine.

3. Hier soir les moustiques étaient eux aussi de la fête.

4. Notre chien s'est mis à courir.

5. Après l'arrivée des cousins l'atmosphère était plus joyeuse.

6. Nous avons dû tout remballer parce que de gros nuages noirs nous menaçaient.

V O I R
PAGE 67, Nº 5.5

Activité 4

Chaque phrase ci-dessous contient un complément de phrase. Souligne-le.

Récris ensuite la phrase en déplaçant ce complément au début de la phrase.

N'oublie pas la virgule.

Ex. : Nous reprenons nos bonnes habitudes <u>chaque été</u>.

<u>*Chaque été, nous reprenons nos bonnes habitudes.*</u>

1. Nous avons enduré encore plus de moustiques après l'orage.

_____

_____

2. Le chien, parce qu'il était fatigué, s'est couché à l'ombre d'un arbre.

_____

_____

3. Des gens jouaient au ballon dans les aires réservées aux pique-niques.

_____

_____

4. Tout allait mal ce soir-là.

_____

Travailler la construction des phrases

VOIR

PAGE 65, Nº 5.2
ET PAGE 67, Nº 5.5

Activité 5

a) **Ajoute un groupe du verbe afin d'obtenir une phrase.**

>> Mes cousins turbulents _____

_____

b) **Ajoute un groupe sujet afin d'obtenir une phrase.**

>> _____ a donné un coup de main
à mes parents.

c) **Récris la phrase suivante au complet en lui ajoutant un complément de phrase.**

Tous les membres de ma famille aiment aller au parc.

_____

_____

Activité 6

VOIR

PAGE 66, Nº 5.4 B

a) **Associe un complément à chaque verbe de la liste. Puis rédige une phrase avec chaque verbe et son complément.**

Verbes	Compléments
chanter	des framboises
manger	à son chien
parler	un litre de lait
boire	une sérénade

>> _____

>> _____

>> _____

>> _____

b) **Dans les phrases que tu as écrites, les groupes du verbe contiennent tous un complément du verbe. Quelle phrase contient un complément indirect ?**

_____

19 Produire des phrases bien construites

Activité 1

VOIR

PAGE 68, Nº 5.8
ET PAGE 69, Nº 5.9

Les phrases suivantes sont toutes des phrases déclaratives.

Transforme-les de manière à obtenir le type de phrase demandé. Fais attention à la ponctuation.

Ex. : Ma famille joue de la musique.
Phrase interrogative :

Est-ce que ma famille joue de la musique ?

Ou : Ma famille joue-t-elle de la musique ?

1. Cette activité est passionnante.
Phrase exclamative :

_____

2. Mon oncle joue de la flûte.
Phrase interrogative :

_____

3. Mon cousin participera à un camp musical cet été.
Phrase interrogative :

_____

_____

4. Je vais apprendre à jouer de la batterie.
Phrase interrogative :

_____

_____

5. Le chien se met à hurler.
Phrase interrogative :

_____

_____

Produire des phrases bien construites

VOIR
PAGE 69, N° 5.9

Activité 2

Lis le court texte ci-dessous. Tu devras ensuite formuler des questions.

Vendredi soir prochain, mes cousins vont apporter leur planche à roulettes. Ils nous feront une démonstration de leur savoir-faire dans la cour de l'école. Ils ont invité toute la famille et leurs amis.

Ex. : Pose une question sur ce que les cousins vont apporter.

   <u>Qu'est-ce que les cousins vont apporter ?</u>

a) Pose une question sur le lieu de la démonstration.

_____

b) Pose une question sur la date de cette présentation.

_____

_____

c) Pose une question sur les invités.

_____

Activité 3

VOIR
PAGE 70, N° 5.10

Formule des ordres ou des conseils en mettant les parties de phrases soulignées au présent de l'impératif.

Utilise la 2e personne du singulier, la 1re personne du pluriel ou la 2e personne du pluriel, selon le cas.

Le cousin aîné a pris les choses en main. Il demande à son frère et à ses amis de ① <u>bien installer la rampe</u>. Puis il leur conseille de ② <u>mettre des pneus de caoutchouc de chaque côté</u>. Il demande à une amie d'③ <u>apporter les casques protecteurs</u>. Il précise qu'ils devront tous, lui compris, ④ <u>être prudents</u>. Il crie au chien Coluche de ⑤ <u>s'en aller</u>.

Ex. : **1.** <u>Installez bien la rampe.</u>

   2. _____

   3. _____

   4. _____

   5. _____

Produire des phrases
bien construites

VOIR

PAGE 70, Nº 5.12

Devant une voyelle,
ne devient *n'*.

Activité 4

Mets les phrases suivantes à la forme négative. Pour t'aider, consulte la liste des mots de négation, page 71.

Ex. : Ma famille est très bizarre.

<u>Ma famille n'est pas très bizarre.</u>

1. Elle est caractérisée par l'étourderie.

_____

2. Hier, ma mère est allée travailler en pyjama.

_____

_____

3. Mon père a rangé son cellulaire dans le panier à linge sale.

_____

_____

4. Aujourd'hui, j'ai oublié mon lunch.

_____

5. Et le chien veut encore venir à l'école avec nous !

_____

_____

Activité 5

ERREURS

a) **Corrige les deux phrases suivantes.**

>> Personne a pensé à sortir le chien.

>> J'ai jamais oublié mes clés.

b) **Complète la phrase suivante.**

Quand j'ai un mot de négation comme

pas, *rien*, *personne*, *jamais*, dans une phrase,

je dois utiliser aussi _____.

Ouah !
Ouah !

20 Synthèse

Activité 1

VOIR

PAGES 68 À 70,
Nᵒˢ 5.7 À 5.10

a) **Invente une suite au petit texte que voici. Ajoutes-y deux phrases déclaratives, qui décrivent des actions du chien.**

Notre chien est devenu aussi distrait que nous. L'autre jour, il s'est trompé de porte. Il a attendu longtemps à la porte du voisin. Exaspéré, celui-ci est venu porter Coluche chez nous. Notre chien avait l'air complètement perdu. Il n'est pas allé se coucher sur son coussin. Il n'est pas allé voir s'il y avait quelque chose à manger dans son assiette.

_____

_____

_____

_____

_____

b) **Pose une question à Coluche, à l'aide d'une phrase interrogative.**

_____

_____

_____

c) **Donne un ordre ou un conseil à Coluche, à l'aide d'une phrase impérative.**

_____

_____

_____

Synthèse

V O I R

PAGES 68 À 70,
Nᵒˢ 5.6 À 5.10

Activité 2

Ajoute les points qui conviennent : . ! ?

Le nombre entre parenthèses devant chaque paragraphe indique combien il en manque. (Il y a parfois deux réponses possibles.)

Mets aussi une majuscule là où c'est nécessaire.

(2) **1.** la semaine dernière, mon père a égaré son porte-clés il n'avait aucune idée de l'endroit où il avait pu le poser

(3) **2.** lui et ma mère se sont mis à le chercher partout les clés restaient introuvables mon père était contrarié, car son porte-clés contient aussi le certificat d'immatriculation de la voiture

(6) **3.** que devait-il faire devait-il se procurer une copie de son certificat mais s'il trouvait son étui à clés par la suite, à quoi lui servirait cette copie mon père tournait ces questions dans sa tête quand tout à coup il a entendu mon frère crier celui-ci venait de tomber sur le trousseau de clés quel soulagement mon père a éprouvé

(8) **4.** voulez-vous savoir où les clés étaient cachées tout simplement dans le congélateur comment étaient-elles arrivées là c'est facile à comprendre mon père a posé par distraction son porte-clés sur le réfrigérateur quelqu'un a ensuite dû ouvrir la porte du congélateur et le porte-clés y est tombé Coluche glapissait de joie quel père distrait nous avons

Sixième partie

Syntaxe et ponctuation

La virgule et les signes de ponctuation dans un dialogue

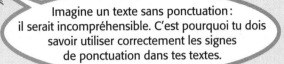

Imagine un texte sans ponctuation : il serait incompréhensible. C'est pourquoi tu dois savoir utiliser correctement les signes de ponctuation dans tes textes.

Pour l'emploi du point, du point d'exclamation ou du point d'interrogation à la fin d'une phrase, voir la 5e partie, nos 5.7 à 5.10.

6.1 La virgule

A. La virgule sépare des éléments d'une énumération.

Une énumération, c'est une liste d'éléments semblables.

La **virgule** sépare les éléments d'une énumération, sauf devant les mots *et, ou.*

*J'ai élaboré un menu haïtien qui comprenait <u>des acras de morue</u>, <u>un poulet à la créole</u>, <u>un riz aux pois rouges</u> **et** <u>un flan aux fruits frais</u>.* ⟶ Énumération de groupes du nom.

*Les acras sont de petits beignets <u>frits</u>, <u>chauds</u> **et** <u>délicieux</u>.* ⟶ Énumération d'adjectifs.

= GV

*Ma sœur aînée a d'abord cuisiné le flan, l'a fait refroidir **et** a ensuite préparé les autres plats.* ⟶ Énumération de groupes du verbe.

Il faut faire attention à la construction des énumérations.

Énumération correcte	Énumération incorrecte	Pourquoi est-ce incorrect ?
*J'aimerais avoir **des** bananes, **des** mangues et **des** papayes.*	~~*J'aimerais avoir des bananes, mangues et papayes.*~~	*Les éléments qui sont énumérés doivent être construits de la même façon.*

B. La virgule détache le complément de phrase :
– quand il est au début de la phrase ;
– quand il est entre le sujet et le groupe du verbe.

Qu'est-ce qu'un groupe complément de phrase ? Voir n° 5.5, page 67.

<u>Dans la cuisine marocaine</u>, la pastilla est un des mets les plus appréciés. ⟶ Complément de phrase placé en début de phrase.

= CP

Le couscous, <u>dans la cuisine algérienne</u>, est un grand classique. ⟶ Complément de phrase placé entre le sujet et le groupe du verbe.

C. La virgule met en évidence le groupe du nom ou le pronom qui désigne l'être à qui on s'adresse.

William, *veux-tu me donner un de tes délicieux raviolis à la sauce aux arachides?*

Vous, *vous apporterez un canard à la pékinoise.*

D. La virgule détache la phrase indiquant qui parle.

Je n'en ai plus, *répondit William.*

Alors je m'en passerai, *dit Gracia.*

Remarque – Dans une phrase indiquant qui parle, le sujet vient après le verbe conjugué.

6.2 Les signes de ponctuation dans un dialogue : le deux-points et le tiret

Marika regarda son ami et lui dit : ➤ Le **deux-points** suit le groupe du verbe qui annonce les paroles de quelqu'un.

– Si je te donne quelques blinis, me donnes-tu une portion de ton plat? ➤ Il y a un **tiret** devant chaque réplique d'un dialogue.

Le tiret indique un changement de locuteur (c'est-à-dire de la personne qui parle).

– Je les veux tous, répondit son ami. ➤ Ici, la virgule détache la phrase indiquant qui parle (voir **D.** ci-dessus).

Remarque – À l'intérieur d'un texte, les paroles sont souvent rapportées à l'aide de guillemets.

21 Savoir utiliser la virgule

VOIR
PAGE 81, N° 6.1 A

Activité 1

Ajoute les virgules qui manquent dans les énumérations.

1. Certains atlas sont de véritables encyclopédies : on y trouve des cartes de nombreuses photographies des schémas des statistiques et des textes.

2. Les cartes sont très variées : il y a, par exemple, des cartes géographiques des cartes politiques des cartes climatiques des cartes de végétation des cartes économiques et des cartes historiques.

3. L'Amérique du Nord comprend le Mexique les États-Unis et le Canada.

4. Le Canada est en Amérique du Nord. C'est un pays immense peu peuplé très froid l'hiver et très chaud l'été.

5. La Colombie le Venezuela le Pérou le Brésil l'Argentine et le Chili font partie des plus grands pays d'Amérique du Sud.

Activité 2

Ajoute les virgules qui manquent dans les énumérations.

1. Qu'est-ce qu'un pays idéal ? Pour plusieurs, c'est un pays pacifique démocratique accueillant pour tous et prospère.

2. La ville idéale, elle, offre un réseau de transport en commun bien développé propose de nombreux types d'habitations aménage beaucoup d'espaces verts accorde une bonne place à la culture et fournit des loisirs de qualité.

3. Pour un grand nombre de personnes, un climat idéal est clément doux et sec. D'autres préfèrent les hivers froids rigoureux et vivifiants.

4. D'une population à l'autre, plusieurs éléments peuvent varier : le travail la langue la religion la façon de gouverner le pays ou la façon de vivre de tous les jours.

5. Mais des choses importantes unissent les gens : la volonté de vivre le goût d'être heureux la recherche de la justice et le désir de paix.

6. Et vous, si vous aviez à choisir où vivre, que prendriez-vous en considération ? Le climat la langue les paysages les gens ou les écoles ?

Savoir utiliser la virgule

VOIR
PAGE 81, N° 6.1 A

Activité 3

Corrige les erreurs de construction dans les énumérations.

                                   la   et la

Ex. : Ludovic adore la cuisine chinoise,/cuisine vietnamienne,/cuisine thaïlandaise.

1. Il trouve ses ingrédients dans les épiceries de quartier, supermarchés

ou boutiques spécialisées.

2. Paméla aime la musique chilienne, musique péruvienne, musique mexicaine.

3. Veux-tu jouer au soccer, baseball basket-ball?

Activité 4

VOIR
PAGE 81, N° 6.1 A ET B

Lis le texte suivant et ajoute les virgules nécessaires. Il en manque 11 :
– 9 pour séparer les éléments d'une énumération ;
– 2 pour détacher un complément de phrase en début de phrase.

1. En hiver porte un bon manteau des bottes doublées des mitaines de laine et un chapeau.

2. N'oublie pas que c'est par la tête les mains et les pieds que l'on perd le plus de chaleur. Mieux vaut mettre de côté le bandeau et se couvrir la tête d'un bon chapeau en laine en feutre ou en fourrure.

3. Fais en sorte d'avoir toujours les pieds au sec. Pour éviter de transpirer, ne garde pas tes bottes à l'intérieur pendant toute la journée. Porte des bottes imperméables bien doublées et pas trop serrées.

4. Quand le froid est intense remue de temps à autre les jambes les orteils les bras et les doigts pour activer la circulation sanguine.

5. S'il t'arrive malgré tout d'être victime d'une engelure, ne frictionne pas la partie atteinte. N'y mets pas non plus d'eau chaude de neige ou de glace. Sers-toi plutôt de tes mains de tes aisselles ou de ta bouche pour la réchauffer.

Savoir utiliser la virgule

VOIR
PAGE 82, N° 6.1 C

Activité 5

a) **Mets les virgules nécessaires dans les phrases suivantes.**

1. Jérôme veux-tu voir le documentaire sur le Viêt Nam?

2. Dépêche-toi Alexandra le documentaire commence bientôt!

3. Grand-maman viens donc t'asseoir avec nous.

4. Êtes-vous déjà allée au Viêt Nam madame Dao?

5. Soyez les bienvenus à la projection chers amis!

6. Coluche ôte-toi du sofa!

b) **Quel est le rôle de la virgule dans les phrases ci-dessus?**

Elle sert à _____

_____

Activité 6

VOIR
PAGE 82, N° 6.1 D

Voici la suite du texte de l'activité 5.

a) **Mets les virgules qui manquent dans les phrases. Attention! Il n'en manque pas dans toutes les phrases.**

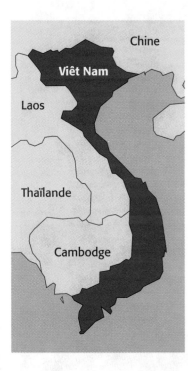

1. Installez-vous tous devant la télévision dit Caroline.

2. Tu sais, je ne suis jamais allée au Viêt Nam fait remarquer madame Dao. Je suis née ici.

3. Le Viêt Nam est un pays de l'Asie du Sud-Est qui a la forme d'un immense S explique le narrateur du documentaire. On dit souvent qu'il a la forme d'un dragon.

4. Il longe le Laos et le Cambodge poursuit le narrateur.

5. Il a aussi une frontière commune avec la Chine ajoute-t-il.

6. Notre histoire est millénaire raconte une professeure de l'Université de Hanoi.

7. Il y a environ 75 groupes ethniques au Viêt Nam explique-t-elle. Le groupe des Vietnamiens est le plus nombreux: ils forment 85 pour cent de la population.

8. Le vietnamien est la langue de la majorité. Mais il y a environ une cinquantaine d'autres langues parlées. Les plus répandues sont le khmer du Centre le chinois mandarin le thaï tho et le nung décrit-elle.

Savoir utiliser la virgule

9. Caroline demande :

— Quelle langue parlaient vos parents madame Dao ?

10. Chut murmure Jérôme. Je veux entendre les commentaires !

11. Ouah jappe Coluche.

b) **Quel est le rôle des virgules que tu as ajoutées dans les phrases 1 à 7, 10 et 11 ?**

Elles servent à _____

_____

c) **À quel numéro y a-t-il une virgule pour indiquer à qui on s'adresse ?**

Au numéro _____ .

d) **À quel numéro y a-t-il des virgules qui séparent les éléments d'une énumération ?**

Au numéro _____ .

Il y a environ 75 groupes ethniques au Viêt Nam.

Savoir utiliser la virgule >> **Activité 7**

Voici une synthèse des cas d'emploi de la virgule que tu as vus jusqu'ici.

Cas d'emploi de la virgule	Exemples
A. Pour séparer les éléments d'une énumération, sauf devant *et*, *ou*.	*La vache Bossie était lente, bête et stupide.*
B. Pour détacher un complément de phrase en début de phrase.	*Quand l'hiver arriva, il fallut lui construire une remise.*
C. Pour détacher la phrase indiquant qui parle.	*C'est moi qui trairai la vache, dit la mère, ce sera mon « heure de nature ».*
D. Pour mettre en évidence le nom qui désigne l'être à qui on s'adresse.	*Bossie, cesse de bouger.*

Mets les virgules qui manquent dans les phrases suivantes.
Indique dans les cases la lettre correspondant au cas d'emploi.

Ex.: Gabrielle Roy est une grande écrivaine canadienne.
Elle a écrit de nombreux romans, des contes pour enfants, ☐ A
le récit de sa vie et d'autres ouvrages.

a) Elle a aussi écrit *Ma vache Bossie*. Toi as-tu déjà
lu cette histoire? ☐

b) Pendant toute une année la vache Bossie a produit
une énorme quantité de lait. ☐

c) La famille buvait et mangeait du lait sous toutes
ses formes : frais caillé cru ou cuit. ☐

d) Il y en avait dans des bidons des cruches des bouteilles
des casseroles et même dans des vases. ☐

e) On a bien trop de lait dit un jour la mère nous allons
en vendre. ☐

Savoir utiliser la virgule

Rappel :

A. énumération

B. pour détacher un complément de phrase

C. pour indiquer qui parle

D. pour mettre en évidence à qui on parle

f) Ma chère petite c'est toi qui iras de porte en porte vendre le lait. ☐

g) L'hiver à -30 degrés Celsius notre petite laitière partait avec ses bidons de lait. ☐

h) Elle mettait ses bottes de feutre son manteau le plus chaud son bonnet de fourrure et sa «crémone», un grand foulard qui enveloppait son visage. ☐

i) Du bon lait frais de Bossie criait-elle. ☐

j) Tout cela fait trop de bruit se plaignait la voisine. ☐

k) Et puis un jour, adieu les sous adieu les rêves adieu Bossie! ☐

l) Toi veux-tu lire l'histoire de Bossie? Veux-tu apprécier le vrai texte? ☐

Cours emprunter le livre à la bibliothèque ! Il s'agit de *Ma vache Bossie*, de Gabrielle Roy (Montréal, Éditions Leméac, 1976). On peut aussi trouver le texte dans *Contes pour enfants*, Montréal, Boréal, 1998.

22 Savoir ponctuer un dialogue

VOIR
PAGE 82, Nº 6.1 D

» Activité

Récris le texte suivant sous forme de dialogue : dispose-le correctement et mets les signes de ponctuation qui manquent (le deux-points et les tirets).

À son retour de l'école, Sophie va trouver son père et lui demande Papa, est-ce que je peux aller au Biodôme de Montréal cet après-midi ? Avec qui irais-tu ? s'informe son père. J'ai invité Hugues et Laure à se joindre à moi. Comment comptez-vous vous y rendre ? J'ai pensé que tu pourrais venir nous mener en auto. Pourquoi n'y allez-vous pas en métro ? Alors, tu acceptes, s'écrie Sophie, tu es vraiment chouette ! Je téléphone tout de suite à mes amis pour leur apprendre la nouvelle.

_____

_____

_____

_____

_____

_____

_____

_____

_____

_____

_____

_____

_____

_____

_____

_____

_____

_____

23 Synthèse

Activité 1

VOIR

PAGE 81, Nº 6.1 ET
PAGES 68-69, Nºˢ 5.7 À 5.9

Dans chaque case, écris le signe de ponctuation qui convient. Choisis parmi les signes suivants :

| , | . | ! | ? | — | : |

1. Comme c'est ma mère qui cuisine le plus à la maison, elle a aménagé à son goût les tiroirs et les armoires de la cuisine. Mais pour s'y retrouver, il faut comprendre sa logique!

   Dans un des tiroirs, elle a rangé tous les ustensiles qui servent

   à ouvrir : ouvre-boîtes ☐ tire-bouchons ☐ décapsuleurs ☐

   Dans un autre tiroir, elle a mis tous les ustensiles qui servent

   à couper : ciseaux ☐ couteaux de tous genres ☐ casse-noix

   et presse-ail ☐

   Dans un autre, elle a rangé les ustensiles utiles pour servir :

   louches ☐ grandes cuillers à égoutter ☐ spatules ☐ pinces

   à spaghetti et écumoires ☐

   Enfin, elle a classé dans un dernier tiroir ceux qui servent à cuisiner :

   pilon ☐ tasses et cuillers à mesurer ☐ fouet ☐ batteur à œufs

   et pinceau à pâtisserie ☐

2. Le plus drôle, c'est qu'elle a aussi fait une distinction entre

   les ustensiles de bois ☐ de plastique et de métal ☐ Cherchez-

   vous une spatule de bois ☐ C'est dans ce tiroir-ci ☐ Avez-vous

   besoin d'une spatule en plastique ☐ C'est dans l'autre tiroir ☐

3. Parfois, on cherche désespérément un ustensile. On lui dit alors ☐

   ☐ Mais, maman ☐ comment peut-on deviner ☐ As-tu classé

   cet ustensile selon son usage ou selon son matériau ☐

Synthèse

☐ Comme vous êtes capricieux! répond-elle. Est-ce que, par hasard, vous manqueriez d'imagination ☐

Tout ce que je peux répondre, c'est qu'elle est bien chanceuse d'avoir tant de tiroirs ☐

4. Pourtant, elle n'a pas du tout la même logique avec les épices et les fines herbes ☐ Tous les petits pots se retrouvent pêle-mêle dans un même tiroir ☐ Aucun ordre ☐ aucune méthode de classement ☐ Comme c'est étrange ☐

Activité 2

Mets les signes de ponctuation qui manquent dans les phrases suivantes. Attention ! Il n'en manque pas dans toutes les phrases.

| , | . | ! | ? | — | : |

Le nombre en marge d'un numéro t'indique combien il y a de signes de ponctuation à placer.

(1) **1.** L'autre jour exaspérée d'avoir cherché longtemps la cannelle, j'ai décidé de faire une surprise à ma mère: j'ai classé d'un côté les épices par ordre alphabétique; de l'autre, j'ai classé les fines herbes.

(10) **2.** Pour les épices, cela a donné: anis cannelle cardamome clou de girofle cumin muscade paprika poivre safran vanille

(11) **3.** Du côté des herbes, on avait: basilic cerfeuil ciboulette estragon laurier marjolaine persil romarin sarriette thym verveine

(2) **4.** Inutile de préciser que tout ce qui commençait par s t ou v se retrouvait au fin fond du tiroir...

(4) **5.** Ma mère n'a pas apprécié du tout
— Mais je n'utilise à peu près jamais d'anis et j'utilise presque chaque jour du safran du thym ou de la vanille

J'ai capitulé En fait, nous avons tous capitulé et dorénavant, du moins dans la cuisine, nous respectons la logique de notre mère!

Syntaxe

L'emploi des prépositions

> Les prépositions sont indispensables dans la construction de certains groupes de mots. C'est pourquoi tu dois savoir les utiliser correctement.

7.1 Les prépositions servent à former des compléments

A. *__À 13 ans__, Chantal Petitclerc a les jambes paralysées.* → Le groupe souligné complète le reste de la phrase. Il commence par le mot « à ».

B. *Un professeur d'éducation physique l'encourage __à nager__.* → Le groupe souligné complète le verbe « encourager ». Il commence par le mot « à ».

C. *Elle découvre l'athlétisme __en fauteuil roulant__ cinq ans plus tard.* → Le groupe souligné complète le groupe du nom « l'athlétisme ». Il commence par le mot « en ».

D. *Elle devient une passionnée __de la course en fauteuil roulant__.* → Le groupe souligné complète le groupe du nom « une passionnée ». Il commence par le mot « de ».

Dans l'exemple **A**, on a un **complément de phrase**.

Dans l'exemple **B**, on a un **complément du verbe**.

Lorsque le complément du verbe commence par une préposition, on l'appelle « complément indirect ». (Voir la section **5.4**, p. 66.)

Dans les exemples **C** et **D**, on a des **compléments du nom**.

> Dans ces quatre exemples, les compléments sont introduits par les mots **à**, **en**, **de**. Ces mots sont des **prépositions**.

7.2 Le sens des prépositions

Certaines prépositions ont à peu près toujours le même sens.

__Sans__ entraînement, on ne peut pas devenir un athlète.
Chantal s'est donc entraînée __sans__ arrêt. → La préposition « sans » a toujours un sens de privation, d'absence, de négation.

Elle a fait sa première compétition __à l'aide d'__un fauteuil « bricolé ».
Elle fait avancer le fauteuil __à l'aide de__ ses bras. → La préposition « à l'aide de » indique toujours un moyen.

Cependant, le sens de la plupart des prépositions peut varier. En fait, c'est le complément en entier qui a une signification, comme le montrent les exemples suivants.

*Il y a eu des compétitions **dans** les villes de Barcelone et d'Athènes.* → Dans cet exemple-ci, la préposition « dans » contribue à exprimer le lieu.

***Dans** quelques semaines, il y aura une autre compétition.* → Dans cet exemple-ci, la préposition « dans » contribue à exprimer le temps.

***Dans** cent mètres, c'est la fin du circuit.* → Dans cet exemple-ci, la préposition « dans » contribue à exprimer la distance.

*Tous les jours, elle se déplace **avec** un fauteuil roulant ordinaire.* → Dans cet exemple-ci, la préposition « avec » contribue à exprimer un moyen.

*Au cours des compétitions, elle se déplace **avec** d'autres athlètes.* → Dans cet exemple-ci, la préposition « avec » contribue à exprimer un accompagnement.

7.3 Une liste des principales prépositions

Certaines prépositions sont formées d'un seul mot ; d'autres sont formées de plusieurs mots. Elles s'écrivent cependant toujours de la même façon : ce sont des **mots invariables**. Il faut apprendre leur orthographe par cœur !

N'oublie pas : tous ces mots sont considérés comme des **prépositions** parce qu'ils servent à former des **compléments**.

à	chez	en	par
à cause de	contre	en dessous de	parmi
à côté de	dans	entre	pendant
afin de	de	envers	pour
après	depuis	excepté	près de
au-dessus de	derrière	grâce à	sans
autour de	dès	jusqu'à	sous
avant	devant	loin de	sur
avec	durant	malgré	vers

24 Savoir reconnaître les compléments avec préposition

Activité

VOIR
PAGE 93, Nº 7.1

Pour revoir ce qu'est un complément de phrase, consulte la section 5.5, p. 67.

Dans les phrases ci-dessous, chaque groupe souligné est un complément qui commence par une préposition.

Entoure la préposition et indique sous le groupe de quelle sorte de complément il s'agit. Utilise les abréviations suivantes.

complément de phrase :	**CP**
complément du nom :	**CN**
complément indirect (du verbe) :	**CI**

Ex. : Chantal Petitclerc est un modèle (de) ténacité et (de) courage.
                                                CN   CN

(Dans certaines phrases, le type de complément est déjà précisé.)

1. À sa première compétition, Chantal finit la dernière.

2. Elle devient cependant rapidement une adepte de cette discipline.

Rappel : un complément indirect est un complément du verbe qui est formé à l'aide d'une préposition.

3. Pendant des années, elle s'entraîne avec une grande détermination.

Chantal Petitclerc aux Jeux paralympiques 2004.

Photo : James Duhamel

Savoir reconnaître les compléments avec préposition

4. <u>À Barcelone</u>, <u>en 1992</u>, ce sont les Jeux paralympiques.

        CP   CP

5. Chantal remporte alors deux médailles <u>de bronze</u>.

6. <u>En 2005</u>, <u>en Angleterre</u>, Chantal remporte la coupe <u>du monde</u>

paralympique.

7. Les Jeux paralympiques sont des compétitions internationales

<u>pour les athlètes handicapés</u>.

                   CN

8. Chantal participe aussi <u>à des marathons</u>.

9. Elle collabore <u>à l'événement montréalais le Défi sportif</u>.

10. Le Défi sportif s'adresse <u>à des athlètes handicapés</u>.

11. Chantal Petitclerc est aujourd'hui une athlète

<u>de réputation internationale</u>.

12. Elle a établi plusieurs records mondiaux et reçu un grand nombre

de médailles <u>d'or</u>.

Photo : James Duhamel

Chantal Petitclerc initie de jeunes handicapés à la course en fauteuil roulant.

Les renseignements sur Chantal Petitclerc ont été tirés de son site le 26 septembre 2005.

25 Savoir utiliser la bonne préposition

VOIR
PAGES 93-94,
Nᵒˢ 7.2, 7.3

Activité 1

Il manque des prépositions dans le texte ci-dessous. À chaque endroit, écris la préposition qui convient.

Utilise les prépositions qui sont données en marge.

Visite guidée

- **à**
- **avec**
- **de**
- **en**
- **par**
- **pour**
- **sur**

1 Dans le site Internet _____ Chantal Petitclerc, on trouve de nombreux renseignements _____ cette grande athlète. **2** On peut, entre autres, faire une visite guidée _____ son bolide et lire une description _____ son équipement.

3 Son fauteuil roulant _____ course est fabriqué à la main. **4** Il a été conçu par des spécialistes exprès _____ elle. **5** « La longueur des tubes, l'inclinaison des roues, la largeur du siège, tout cela est ajusté spécialement _____ moi », précise-t-elle. **6** Le fauteuil pèse à peine six kilogrammes : il est fait _____ aluminium. **7** Les roues sont _____ carbone. **8** Chantal fait avancer son fauteuil en frappant _____ ses mains _____ les cerceaux des roues. **9** Un tout petit ordinateur, fixé au fauteuil, lui permet _____ mesurer la vitesse, le temps et la distance.

10 Il lui faut un fauteuil _____ année.

11 Son casque est identique _____ celui des cyclistes. **12** Elle porte des lunettes _____ protéger ses yeux. **13** _____ protéger ses mains et _____ mieux frapper sur les cerceaux, elle porte des gants.

14 Ses vêtements _____ compétition sont _____ lycra, un tissu extensible et léger.

Activité 2

Complète les phrases suivantes à l'aide d'une préposition.

Choisis tes réponses dans la liste en marge. N'utilise chaque préposition qu'une seule fois.

- à cause de
- après
- dans
- grâce à
- pendant
- pour

1. Chantal a fait de la course en fauteuil roulant _____ un entraîneur qu'elle a connu à l'université.

2. Elle s'est entraînée _____ de nombreuses années.

3. C'est _____ sa grande persévérance qu'elle a remporté tant de victoires.

4. Chantal considère que _____ la vie aussi, il faut faire preuve de courage.

5. _____ chaque compétition paralympique, Chantal a fait un bilan. Est-ce qu'il reste de la place

_____ l'amélioration ? s'est-elle demandé.

Activité 3

Les phrases ci-dessous comportent des erreurs relativement à l'emploi des prépositions. Il y a une erreur par numéro.

Corrige les erreurs, comme dans l'exemple.

_____ *de*

Ex. : Êtes-vous un amateur de sport individuel ou/sport d'équipe ?

_____

1. Votre voisin est très sportif ; voulez-vous jouer avec ?

_____

2. Avez-vous vu le ballon à mon amie ?

_____

3. Prenez le temps de discuter avec ; vous apprendrez beaucoup de choses !

_____

4. Mes parents m'ont parlé de cette athlète et son entraîneur.

26 Synthèse

Activité

VOIR

PAGES 93-94,
Nᵒˢ 7.1, 7.2, 7.3

a) Rédige un court texte descriptif sur un des sujets suivants.

Un équipement de sport ou de loisir
Une compétition sportive
L'exploit d'une personne handicapée

Consulte la page 16 pour revoir le schéma du texte descriptif : introduction, développement et conclusion.

Dans ton texte, tu dois utiliser au moins cinq prépositions qui figurent dans le tableau 7.3 (p. 94).

_____

_____

_____

_____

_____

_____

_____

_____

_____

_____

_____

_____

_____

_____

_____

b) Relis ton texte soigneusement et vérifie si tu as employé les bonnes prépositions dans la formation des compléments. Souligne tes prépositions et assure-toi qu'elles figurent bien dans le tableau de la page 94.

L'orthographe d'usage

L'orthographe d'usage

> L'orthographe d'usage, c'est la façon dont les mots s'écrivent, par convention. Pour l'apprendre, tu dois utiliser un dictionnaire et… faire travailler ta mémoire !

8.1 Des stratégies à utiliser

Tu hésites sur l'orthographe d'un mot? Voici quelques moyens que tu peux utiliser lorsque tu fais face à un problème.

A. Pense aux mots de la même famille que le mot qui te pose problème. Tu trouveras des ressemblances qui t'aideront à l'écrire correctement.

arrêt, *arrêter*

personne, *personnel*, *personnifier*

B. Si tu t'interroges sur la lettre finale d'un nom, d'un adjectif ou d'un participe passé au masculin, mets-le au féminin.

un avoca ?	*une avocate* ➤ *un avocat*
lour ?	*elle est lourde* ➤ *il est lourd*
écri ?	*une lettre écrite à la main* ➤ *un texte écrit à la main*

C. Pense aux règles que tu connais déjà. Voici deux exemples.

– Pour obtenir un *c* doux (le son **s**), il faut une cédille au *c* devant *a*, *o* et *u*.

Ça va ? *Et tes leçons ?* *As-tu reçu tes notes ?*

– Pour obtenir un *g* doux (le son **j**), il faut écrire *ge* devant *a*, *o* et *u*.

un geai *un teint rougeâtre* *un geôlier* *une gageure*

D. Pense à des sons semblables.

coquille, *fille*, *gentille*, *pupille*, *vanille*

coin, *foin*, *soin*, mais *poing*

souvent, *vraiment*, *heureusement*, *tristement*, *joyeusement*

E. Consulte le dictionnaire.

8.2 Un moyen pour retenir l'orthographe d'un mot

1. Je cherche la difficulté et je la surligne.

pharmacie

2. J'écris le mot de trois à six fois.

*pharmacie   pharmacie   pharmacie
pharmacie   pharmacie   pharmacie*

3. Je ferme les yeux et je me représente le mot dans la tête. J'ouvre ensuite les yeux et j'écris le mot, puis je vérifie si j'ai bien retenu l'orthographe du mot.

Si j'ai fait une erreur, je recommence : j'écris de nouveau le mot de trois à six fois, et ainsi de suite.

8.3 Des règles à retenir sur les accents

A. Les accents sur la lettre *e* produisent de nouveaux sons.

– L'accent aigu sur le *e* donne le son **é**.
*J'ai vu des b**é**b**é**s à la t**é**l**é**vision.*

– L'accent grave et l'accent circonflexe sur le *e* donnent le même son, celui qu'on entend dans « m**è**re » et « p**ê**che ».
*Ma m**è**re va à la p**ê**che.*

B. Les accents servent aussi à distinguer certains mots.

*Elle **a** une auto.*	*Elle va **à** Trois-Rivières.*
a : verbe « avoir »	**à** : préposition (mot invariable)
***La** vieille auto n'a pas voulu démarrer.*	*Elle n'ira pas **là**.*
la : déterminant	**là** : adverbe (mot invariable); indique le lieu
Où irons-nous ?	*À Laval **ou** à Longueuil ?*
où : adverbe (mot invariable); indique le lieu	**ou** : conjonction (mot invariable); exprime le choix
*Je suis **sûr** d'avoir fait cela.*	*J'ai mis les clés **sur** la table.*
sûr : adjectif	**sur** : préposition (mot invariable)

Remarque – L'accent circonflexe rappelle parfois un **s** qui se trouve dans des mots de la même famille :

*arr**ê**t* ➤ *arre**s**tation ; c**ô**te* ➤ *acco**s**ter ;*
*h**ô**pital* ➤ *ho**s**pitalier.*

8.4 Des règles à retenir sur le trait d'union

On met le trait d'union :	Exemples :
– entre le verbe et le pronom sujet dans une phrase interrogative ;	*Viens-tu ?*
– entre un verbe à l'impératif et un pronom complément ;	*Réponds-moi. Donne-le-lui.*
– entre le pronom personnel et le mot *même* ;	*Moi-même, j'ai assisté à ce spectacle.* *Nous allons faire ça nous-mêmes.*
– avec *ci* et *là* ;	*Cette orange-ci est meilleure que celle-là.*
– dans certains noms composés ;	*Cette boutique offre des cerfs-volants aux couleurs de l'arc-en-ciel.*
– dans les nombres inférieurs à *cent*, sauf s'ils sont déjà joints par *et*, comme dans *vingt et un*.	*quatre-vingt-dix-neuf*

8.5 Des règles à retenir sur certaines consonnes

Consonnes	Position	Son	Exemples
s	après une consonne	**s**	*danse, pensée*
s	entre deux voyelles	**z**	*maison, cousin*
ss	entre deux voyelles	**s**	*assiette, coussin*
c	devant *a, o, u*	**k**	*cahier, court, cube*
ç	devant *a, o, u*	**s**	*façade, leçon, reçu*
c	devant *e, i*	**s**	*ceci, cinéma*
g	devant *e, i, y*	**j**	*genou, gîte, gymnase*
ge	devant *a, o, u*	**j**	*rougeâtre, bourgeon, gageure*
g	devant *a, o, u*	**g**	*garage, goûter, argument*
gu	devant *e, i, y*	**g**	*guerre, guirlande, Guy*
j	jamais devant *i*	**j**	*jambe, jeter, majorité, jumelle*
m ou *n*	*m* devant *b, m, p* ; *n* devant les autres consonnes ou à la fin d'un mot	**an, on, in**	Devant *b, m, p* : *jambon, embrasser, emmener, ampoule, tombe, trompe, imbuvable, immangeable, impoli* **Exception** : *bonbon* Devant les autres consonnes ou à la fin d'un mot : *plan, entorse, onde, intéressant*

8.6 Règles de formation du féminin des noms et des adjectifs

Règle	Masculin	Féminin
1. **+ e** C'est la règle générale.	un président compétent un aîné réfléchi	une présidente compétente une aînée réfléchie Parfois, on n'entend pas le **e**, mais il ne faut pas l'oublier!
2. **Même forme**	cet élève aimable	cette élève aimable
3. **en ➔ enne** **on ➔ onne** **el ➔ elle** **ot ➔ otte** **et ➔ ette** On double la consonne et on ajoute un **e**.	mon chien gardien un champion très mignon un criminel virtuel un sot un cadet grassouillet	ma chienne gardienne une championne très mignonne une criminelle virtuelle une sotte Mais : idiot/idiote une cadette grassouillette **Mais** : complet/complète, concret/concrète, discret/discrète, inquiet/inquiète, secret/secrète
4. **ier ➔ ière** **er ➔ ère**	un écolier droitier un passager étranger	une écolière droitière une passagère étrangère
5. **eux** et **eur ➔ euse** **oux ➔ ouse**	un amoureux heureux un coiffeur menteur un époux jaloux	une amoureuse heureuse une coiffeuse menteuse une épouse jalouse **Mais** : doux/douce, roux/rousse
6. **teur ➔ trice** parfois **teuse**	un acteur créateur un chanteur menteur	une actrice créatrice une chanteuse menteuse **Mais** : auteur/auteure, docteur/docteure
7. **Forme particulière** Le mot change en partie ou complètement. Il y a aussi d'autres règles de formation. Parfois, vaut mieux vérifier dans un dictionnaire!	mon copain favori un beau jumeau ce gros mouton Le frère de mon père est mon oncle. Ce garçon est malin.	ma **copine favorite** une **belle jumelle** cette **grosse brebis** La **sœur** de ma **mère** est ma **tante**. Cette **fille** est **maligne**.

8.7 Règles de formation du pluriel des noms et des adjectifs

Règle	Singulier	Pluriel
1. **+ s** C'est la règle générale.	ton ami sincère	tes ami**s** sincère**s**
2. **Même forme** (avec *s, x, z*)	un gars courageux	des gars courageux
3. **ou ➤ ous**	un clou	des clou**s** **Mais** : bijou, caillou, chou, genou, hibou, joujou et pou *font* bijou**x**, caillou**x**, chou**x**, genou**x**, hibou**x**, joujou**x** et pou**x**
4. **au ➤ aux**	ce tuyau	ces tuyau**x** **Mais** : un landau / des landau**s**, un sarrau / des sarrau**s**
al ➤ aux	un journal commercial	des journ**aux** commerci**aux** **Mais** : un bal / des bal**s**, un carnaval / des carnaval**s**, un festival / des festival**s**, un récital / des récital**s**, un régal / des régal**s** **Mais** : banal / banal**s**, fatal / fatal**s** **Remarque** – « final » et « glacial » peuvent s'écrire au pluriel « final**s** » ou « fin**aux** », « glacial**s** » ou « glaci**aux** ».
eau ➤ eaux	un beau bateau	des beau**x** bateau**x**
5. **ail ➤ ails**	un chandail	des chandail**s** **Mais** : un bail / des b**aux**, un travail / des trav**aux**, un vitrail / des vitr**aux**
6. **eu ➤ eux**	un cheveu	des cheveu**x** **Mais** : un pneu bleu / des pneu**s** bleu**s**
7. **Forme particulière**	un aïeul le ciel un œil	des aï**eux** les ci**eux** des y**eux**

27 Maîtriser l'emploi des accents et du trait d'union

Activité 1

VOIR
PAGE 102, Nº 8.3

Mets un accent circonflexe là où il doit y en avoir. Au besoin, consulte un dictionnaire.

1. On utilise souvent l'expression *centre hospitalier* pour désigner un hopital.

2. René est sur de pouvoir accomplir la tache que son enseignante lui a confiée : enlever toutes les taches qu'il a faites sur son pupitre.

3. Au cours de mon excursion en bateau, j'ai mangé un morceau de gateau.

4. Les juges ont attribué une mauvaise cote au skieur qui est tombé en plein milieu de la cote.

5. Le bruit court qu'il y a des fantomes dans ce vieil hotel.

6. Ma mère a ratissé les feuilles mortes avec un vieux rateau rouillé.

7. Ce malade a commencé un jeune après le déjeuner.

8. Bientot, des biologistes se joindront à l'équipe qui se dirige vers le pole arctique.

9. Notre autobus est arrivé en retard, le votre est arrivé à l'heure prévue.

10. Grâce à vos conseils, j'ai arreté de manger de la nourriture trop grasse.

Maîtriser l'emploi des accents et du trait d'union

VOIR
PAGE 103, Nº 8.4

Activité 2

Ajoute les traits d'union nécessaires.

1. La préposée à la sécurité viendra t elle vous rendre visite cet après midi ?

2. S'il te plaît, prête moi ton livre sur les éléphants de mer.

3. Gabrielle a arrosé elle même toutes les plantes.

4. Ton frère a t il participé au pique nique ?

5. Ne jette pas ce vêtement trop petit, donne le moi plutôt.

6. Après demain, mon père aura trente deux ans et ma mère, trente trois ans.

7. Mon vélo est muni d'un porte bagages et d'un garde boue.

Activité 3

VOIR
PAGE 103, Nº 8.4

Effectue chaque addition ci-dessous.

Écris ensuite en lettres les nombres de chaque addition, y compris la somme.

a) 19 + 23 = _____

_____

_____

_____

b) 154 + 24 = _____

_____

_____

_____

28 Recourir à des stratégies pour retenir l'orthographe

Activité 1

VOIR DICTIONNAIRE

Certains noms se terminent par des lettres muettes. Un bon truc pour retenir ces lettres muettes, c'est d'avoir en tête des mots de la même famille.

Trouve la lettre finale de chaque nom incomplet en lui trouvant d'abord un mot de la même famille. N'hésite pas à utiliser le dictionnaire.

Ex. : un bon __d__ : _____ bondir _____

1. le chan____ de la chorale : _____

2. le do____ de la cuiller : _____

3. un bon alimen____ : _____

4. au bor____ de la route : _____

5. un ven____ du nord : _____

6. le po____ de confiture : _____

7. le cham____ de blé : _____

8. le san____ de la blessure : _____

Activité 2

VOIR DICTIONNAIRE

Trouve la lettre finale des adjectifs (ou noms) masculins suivants en les mettant d'abord au féminin.

Masculin	Féminin		Masculin	Féminin
1. ron____	_____	**5.** absen____	_____
2. genti____	_____	**6.** gratui____	_____
3. noirau____	_____	**7.** violen____	_____
4. exqui____	_____	**8.** confu____	_____

**Recourir à des stratégies
pour retenir l'orthographe**

VOIR
DICTIONNAIRE

Activité 3

Parmi les mots de chaque numéro, trouve celui qui est mal orthographié. Entoure-le et corrige-le.

À la fin, si tu as hésité sur certains mots, écris-les six fois sur une feuille à part et mémorise leur orthographe.

fontaine
_____

Ex. : éléphant, phare, phrase, (phontaine), pharmacie
_____

1. frin, patin, pin, raisin, sapin
_____

2. famille, fantôme, fotographie, fête, farine
_____

3. jeudi, jymnase, joueur, jungle, jument
_____

4. généreux, gentil, getable, joyeux, joli
_____

5. cinéma, science, citrouille, situation, ciège
_____

6. attention, pression, émission, discussion, expretion
_____

7. jilet, journal, jumelle, justice, jardin
_____

8. physique, muzique, deuxième, exigence, zigzag
_____

9. champ, longtemps, rapidement, souvent, temp
_____

10. un cou, un pou, un sou, une tou

29 Savoir former le féminin des noms et des adjectifs

Activité 1

VOIR
PAGE 104, Nº 8.6

Mets les groupes du nom suivants au féminin.

1. un joueur actif _____

2. ton oncle veuf _____

3. son cousin naïf _____

4. un homme sain et sauf _____

5. ton ami juif montréalais _____

6. un sportif ambitieux _____

7. un chat oisif _____

Activité 2

VOIR
PAGE 104, Nº 8.6

Mets les groupes du nom suivants au féminin. N'oublie pas que certains noms ou adjectifs doublent leur consonne finale au féminin.

1. ce citoyen canadien _____

2. un patron maigrichon _____

3. un bon artisan _____

4. un gardien moyen _____

5. un homme musulman _____

6. un ancien chrétien _____

7. cet Indien cégépien _____

8. ce Beauceron* champion _____

Beauceron : habitant de la Beauce, une région du Québec.

Savoir former le féminin des noms et des adjectifs

VOIR
PAGE 104, N° 8.6

Activité 3

Récris les phrases suivantes en mettant au féminin les mots qui peuvent l'être.

Ex. : Ce danseur éblouissant est le meilleur.

Cette danseuse éblouissante est la meilleure.

1. Un menteur peureux et jaloux, voilà ce qu'il devient.

_____

_____

2. Nous apprécions beaucoup ce nouveau directeur innovateur.

_____

_____

3. Cet étrange passager paraît bien mystérieux.

_____

4. Mon père, inquiet mais discret, n'a rien dit.

_____

5. Un pompier courageux a sauvé ce comédien exceptionnel.

_____

_____

Activité 4

En équipe, rédigez quatre phrases comprenant chacune deux noms au masculin qui peuvent se mettre au féminin (il peut s'agir de noms de métiers, de professions, d'animaux, etc.).

N'hésitez pas à faire des phrases cocasses !

Ex. : Mon chat veut devenir pompier.

Échangez ensuite vos phrases avec celles d'une autre équipe. Mettez au féminin les phrases que vous avez reçues.

Ex. : Ma chatte veut devenir pompière.

30 Savoir former le pluriel des noms et des adjectifs

Activité 1

VOIR
PAGE 105, Nº 8.7

Mets les groupes du nom suivants au pluriel.

1. un détail bizarre _____

2. un sou neuf _____

3. un bijou dispendieux _____

4. un vieux minou _____

5. un chandail bleu _____

6. un travail épuisant _____

7. un caribou majestueux _____

Activité 2

VOIR
PAGE 105, Nº 8.7

Mets les groupes du nom suivants au pluriel.

1. un animal favori _____

2. un journal national _____

3. un festival local _____

4. un noyau central _____

5. un jeu dangereux _____

6. un feu joyeux _____

7. un bal estival _____

8. un bateau solide _____

Savoir former le pluriel des noms et des adjectifs

V O I R

PAGE 105, Nº 8.7

N'oublie pas d'accorder les verbes!

Activité 3

Récris les phrases suivantes en mettant au pluriel tous les mots qui peuvent l'être.

Ex. : Le clou est tombé dans le trou.

Les clous sont tombés dans les trous.

1. Un gros matou un peu fou cherchait un pou.

_____

_____

2. Le cuisinier a acheté un vieux poireau et un chou trop mou.

_____

_____

3. Ce bijou original est un vrai trésor familial.

_____

_____

4. Il y a un beau moineau roux sur l'épouvantail.

_____

_____

5. Le cheval du général a fait peur au hibou.

_____

_____

Activité 4

En équipe, rédigez quatre phrases comprenant chacune deux noms au singulier qui peuvent prendre la marque du pluriel.

N'hésitez pas à faire des phrases cocasses!

Ex. : Le hibou a avalé un clou.

Échangez ensuite vos phrases avec celles d'une autre équipe. Mettez au pluriel les mots des phrases que vous avez reçues.

Ex. : Les hiboux ont avalé des clous.

31 Synthèse

Activité 1

VOIR
PAGES 102-103, N°s 8.3, 8.5

Pour compléter les phrases, choisis un des mots entre parenthèses. Pour compléter les mots, choisis *m* ou *n*.

1. La fourmi gri ____ pe (*sur, sûr*) _____ le (*mûr, mur*)

_____ sans (*s'arreter, s'arrêter*) _____

ni to ____ ber.

2. (*Où, Ou*) _____ se cache-t-elle? Ici (*où, ou*) _____

(*là, la*) _____ ?

3. Dans la colonie, toutes les fourmis sont i ____ portantes.

La reine po ____ d des œufs pour assurer la survie de la colonie.

Les œufs sont déposés dans des cha ____ bres. La nourriture aussi

est e ____ magasinée (*la, là*) _____ .

4. Quand elles se rencontrent (*sur, sûr*) _____ un parcours, les

fourmis ont l'air de s'e ____ brasser. En réalité, elles se se ____ tent.

Activité 2

VOIR
PAGE 103, N° 8.4

Le tableau 8.4 de la page 103 présente six cas d'emploi du trait d'union. Choisis quatre cas et rédige pour chacun un exemple. (Tu peux t'inspirer des exemples donnés dans le tableau.)

Écris tes phrases sans mettre les traits d'union, puis demande à un ou une camarade de les ajouter.

Vérifie ses réponses. S'il y a lieu, corrige ses erreurs en lui expliquant chaque fois la règle.

_____

_____

_____

_____

_____

Synthèse

VOIR
PAGE 104, N° 8.6

Activité 3

Écris le court texte qu'on te dicte.

_____

_____

_____

_____

_____

_____

_____

Activité 4

VOIR
PAGE 105, N° 8.7

Écris le court texte qu'on te dicte.

_____

_____

_____

_____

_____

_____

_____

Neuvième partie

L'orthographe grammaticale

Les accords dans le groupe du nom

Pour écrire correctement, il est fondamental de savoir faire les accords dans le groupe du nom.

9.1 Le nom, le déterminant et l'adjectif : un rappel

Tu te souviens de ce que tu as appris au cours de tes premières années du primaire ?

Je sais qu'un mot est un **nom** parce que je peux le faire précéder d'un déterminant comme « un », « une », « du » ou « des » : *une **pomme***.

Je reconnais un **déterminant** : il est placé au début d'un groupe du nom (par exemple, ***une** pomme, **la** belle pomme*) et je peux le remplacer par un autre déterminant : ***des** pommes*.

Dans un groupe du nom, je sais qu'un mot est un **adjectif** parce qu'il décrit ou précise le nom (par exemple, *une pomme **juteuse***). Je peux effacer l'adjectif ou le remplacer par un autre adjectif : *une pomme **rouge***.

9.2 Le groupe du nom (GN)

Qu'il soit seul ou accompagné d'autres mots, le nom forme un groupe appelé **groupe du nom (GN)**.

Un GN peut être formé de différentes façons. Voici des exemples.

Formation du GN	Exemples	
un nom seul (*Ex. 1*)	**GN** **GN** 1. <u>Paule</u> sera <u>architecte</u>. **N** **N**	Ici, il y a deux GN ; chacun est composé d'un nom seul.
dét. + nom (*Ex. 2*)	**GN** 2. Elle veut concevoir <u>des bâtiments</u>. **dét.** **N**	

dét. + adj. + nom (*Ex. 3*)
 	
ou
 	
dét. + nom + adj. (*Ex. 4*)
 	
Remarque – Il peut évidemment y avoir plus qu'un adjectif. (*Ex. 5 et 6*)
	GN
	3. <u>La jeune fille</u> devra d'abord étudier fort.
	   dét. adj. **N**
	
	       GN
	4. <u>Des études universitaires</u> sont nécessaires.
	   dét. **N** **adj.**
	
	        GN
	5. <u>De longues études universitaires</u> l'attendent.
	   dét. **adj.** **N** **adj.**
	
	          GN
	6. Elle créera <u>des maisons originales et abordables</u>.
	             dét. **N** **adj.** **adj.**	

GN + « et » + GN (*Ex. 7*)	**GN**
	   GN **« et »** **GN**
	7. Elle aime <u>les études</u> et <u>le travail</u>.
	   dét. **N** **dét.** **N**
	
	Ici, il y a deux GN. Ensemble, ils forment un autre GN.
	
	Même chose aux exemples 8 et 9.	

GN + prép. + GN
(*Ex. 8 et 9*)
	GN
	   GN **prép.** **GN**
	8. <u>Des années</u> de <u>travail</u> ne lui font pas peur.
	   dét. **N** **N**
	
	          GN
	   GN **prép.** **GN**
	9. <u>Ces longues années</u> de <u>travail soutenu</u> ne lui
	   dét. **adj.** **N** **N** **adj.**
	font pas peur.	

9.3 Le noyau du GN

✤ On dit que le **nom** est le **noyau** du GN, car c'est le mot le plus important de ce groupe. On ne peut pas l'effacer : la phrase ne tiendrait plus.

- Dans les exemples 3 à 6 ci-dessus, chaque adjectif souligné complète le nom qu'il accompagne. Dans les exemples 8 et 9, les groupes *de travail* et *de travail soutenu* complètent aussi un nom (*années*). Leur fonction est **complément du nom**.

- Dans une phrase, on peut enlever les compléments du nom et la phrase tient toujours. Cela permet de trouver le noyau d'un GN formé de plusieurs éléments. Vérifie-le avec les exemples du tableau 9.2.

9.4 Le nombre du nom

Cas	Exemples
Si l'on parle d'une seule réalité, le nom qui désigne cette réalité est au singulier.	*un beau <u>métier</u>*
Si l'on parle de plusieurs réalités, le nom est au pluriel.	*plusieurs beaux <u>métiers</u>*
Quand un nom complète un autre nom, il se met au singulier ou au pluriel selon le sens.	*un sac d'<u>école</u>* (un sac pour aller à l'école) *un cahier d'<u>activités</u>* (un cahier qui contient des activités)

9.5 Les accords dans le GN

Il y a des déterminants qui annoncent le nombre du nom. Par exemple, si tu écris un déterminant comme « des », « mes », « dix », « plusieurs », etc., c'est sûr que le nom qui suit s'écrit au pluriel.

Règles d'accord	Exemples
Le déterminant et l'adjectif d'un groupe du nom prennent le même genre et le même nombre que le nom. **Remarque** – On dit que le nom est un **donneur d'accord**, car il donne son genre et son nombre au déterminant et à l'adjectif.	f. pl. *des études collégiales* N f. pl. *toutes ces longues études collégiales* dét.　adj.　N　adj. f. pl. *des études très intéressantes* dét.　N　adv.　adj.
Lorsqu'un adjectif précise plusieurs noms et que ceux-ci ont le <u>même genre</u>, l'adjectif se met au pluriel et prend <u>le même genre que les noms</u>. **Lorsqu'un adjectif précise plusieurs noms et que ceux-ci ont des <u>genres différents</u>, l'adjectif se met au <u>masculin pluriel</u>.**	f. s.　　f. s.　f. pl. *une porte et une fenêtre bleues* dét.　N　dét.　N　adj. f. s.　　m. s.　m. pl. *une maison et un château délabrés* dét.　N　dét.　N　adj.

32 Reconnaître les noms, les déterminants et les adjectifs

V O I R

PAGE 117, N° 9.1 ET ANNEXE 4

Tu hésites ? Utilise les moyens donnés à la section 9.1 en les appliquant dans les phrases.

Activité

Vérifie si tu es capable de bien identifier les noms, les déterminants et les adjectifs.

a) **Souligne d'abord tous les noms. Écris ensuite *dét.* sous les déterminants et *adj.* sous les adjectifs.**

Ex. : des <u>édifices</u> variés
    dét.   adj.

1. L'architecture des villes québécoises passionne Étienne.

   Il y reconnaît plusieurs styles.

2. Certains styles datent du Régime français ; il y en a qui datent

   du Régime britannique. On peut aussi voir beaucoup de bâtiments

   qui s'inspirent de l'architecture américaine moderne. Enfin,

   l'architecture québécoise a développé son propre style.

3. Les architectes conçoivent des édifices : des maisons familiales,

   des appartements luxueux ou modestes, de gigantesques centres

   commerciaux, de petits hôpitaux ou de grands centres hospitaliers.

N'oublie pas que, devant un adjectif pluriel, le déterminant « des » peut prendre la forme « de ».

4. Ils peuvent aussi concevoir des lieux publics comme des parcs

   municipaux, ou encore de vastes structures comme des ponts

   et des barrages hydroélectriques.

**Reconnaître les noms,
les déterminants
et les adjectifs**

5. Les architectes utilisent maintenant des ordinateurs

_____

pour dessiner leurs plans.

_____

b) **Dans le texte, il y a huit mots qui sont employés comme adjectifs, mais qui pourraient être employés comme noms. Trouves-en quatre. Ne réutilise pas l'adjectif donné en exemple.**

Ex. : *québécoises,* _____

_____

c) **En utilisant comme noms deux adjectifs que tu as écrits en *b*, forme deux GN composés chacun d'un déterminant, d'un nom et d'un adjectif de ton choix.**

Ex. : *Des Québécoises accueillantes.* _____

_____

_____

Une maison de ce genre
est une trace du Régime
français au Québec.

33 Repérer le groupe du nom

Activité 1

VOIR
PAGE 117, Nº 9.2

Souligne tous les GN du texte suivant. Lorsqu'un GN comprend plusieurs GN, ne souligne que le grand GN, comme dans l'exemple.

Ex. : **1.** Le porc-épic a des aiguilles sur toute la surface de son corps.

2. Contrairement à la croyance populaire, le porc-épic ne lance pas ses aiguilles. Par contre, celles-ci peuvent facilement se détacher et se fixer à la chair de ses adversaires.

3. Ces aiguilles sont alors difficiles à extraire, car leur pointe grossit sous l'action de la chaleur corporelle.

4. Son armure naturelle peut comprendre jusqu'à 30 000 piquants.

5. Quand un prédateur l'attaque, il se hérisse en boule.

6. Il est connu aussi pour ses longues griffes. Elles l'aident à grimper aux arbres avec facilité.

7. Le porc-épic est un animal herbivore. Il raffole aussi du sel. D'ailleurs, l'hiver, il s'aventure souvent sur les routes, car on y répand cette substance.

On peut trouver des porcs-épics sur presque tout le territoire du Canada.

Repérer le groupe du nom

Activité 2

VOIR
PAGE 117, Nº 9.2

a) Voici un tableau qui donne les principaux cas de formation du GN. Dans les phrases de l'activité 1, trouve deux exemples pour chaque cas et écris-les dans le tableau.

Fais suivre tes GN du numéro où se trouve la phrase.

Formation du GN	Exemples de GN tirés du texte
1 un nom seul (sans déterminant)	
2 dét. + nom	*Ex. :* le porc-épic (1), des aiguilles (1), _____
3 dét. + adj. + nom ou dét. + nom + adj.	
4 GN + prép. + GN	f. s. m. s. *Ex. :* toute la surface de son corps (1)

b) Dans la rangée 3, fais un point au-dessus du nom : c'est le noyau du GN. Écris au-dessus son genre et son nombre, puis relie-le par une flèche au déterminant et à l'adjectif.

c) Dans la rangée 4, tes GN comprennent chacun deux GN, séparés par une préposition (*de*). Souligne chaque GN comme dans l'exemple.

Indique les accords à l'intérieur de chaque groupe du nom en procédant de la même façon qu'en *b.*

34 Faire les accords dans le groupe du nom

Activité 1

VOIR
PAGE 119, Nᵒˢ 9.4, 9.5

Exerce-toi à repérer des erreurs dans les GN et à les corriger. Les GN qui comportent des erreurs sont en gras.

Vérifie d'abord si le nom est au bon nombre : singulier ou pluriel.

Apporte ensuite tes corrections dans le reste du GN. Justifie tes corrections de la façon suivante :

- **fais un point au-dessus du nom (c'est le noyau du GN), puis écris au-dessus son genre et son nombre ;**

- **trace une flèche qui part du nom et qui va vers le déterminant ou l'adjectif.**

Ex. : Selon **plusieurs personnes amatrice**/de zoos, celui de San Diego, en Californie, aux États-Unis, est le plus beau zoo du monde.

(au-dessus : f. pl.   s)

---

1. Le zoo de San Diego présente 4000 animaux de **800 espèces différente**.

On peut y voir, par exemple, **des rhinocéros indien** et **des ours polaire**.

---

2. Ce zoo compte **dix zone climatique**. Tout a été reproduit comme

dans la nature : **les environnement**, **les végétation**, **les climat**.

Cela donne **des décor spectaculaire**.

3. Au zoo de Santa Barbara, un autre zoo de Californie, on peut voir

certain animaux rare, comme **des fourmilier géant**,

---

des gorille des plaine et des paresseux à **deux doigt**.

**Faire les accords
dans le groupe du nom**

4. Le jardin zoologique de Saint-Félicien, au Québec, figure aussi parmi

_____

les zoo très achalandé et très apprécié. Il a **un concept originale** :

_____

ce sont **les humain** qui sont en cage et les animaux, en liberté !

_____

5. En effet, **les visiteur** y circulent dans **des sentier pédestre** ou à bord

_____

d'un train grillagé. Ils peuvent observer **les nombreuse bête**

_____

de l'Amérique du Nord dans leur habitat naturel : **ours noir**, loups,

_____

couguars, castors, **bœuf musqué**, grizzlis, etc.

_____

6. Le nom officielle du zoo de Saint-Félicien est : Centre de conservation

_____

de **la biodiversité boréal**.

Le zoo de Saint-Félicien, au
Québec, dans la région du
Saguenay – Lac-Saint-Jean.

Faire les accords dans le groupe du nom

VOIR

↓ PAGE 119, Nᵒˢ 9.4, 9.5

✳**cervidés :** mammifères dont les mâles ont des bois sur le front.

Activité 2

a) **Complète les phrases suivantes en choisissant le GN qui convient et qui est bien orthographié.**

Ex. : _____ Les orignaux _____ sont les plus grands cervidés*.
     L'orignal – Les orignaux

1. L'orignal a _____.
   une tête et des épaules massives • une tête et des épaules massive • une tête et des épaules massifs

2. Le poids de _____
   peut atteindre jusqu'à 800 kilogrammes.
   certain mâle adulte • certains mâles adultes

3. _____, c'est-à-dire
   non permanents, garnissent le front des mâles.
   Un bois caduc • Des bois caducs

4. L'été, l'orignal est incommodé par _____

   _____ et les moustiques envahissants.
   les journées très chaudes • la journée très chaude

5. Il aime alors passer la journée dans _____
   des lacs.
   l'eau frais • l'eau fraîche • les eaux fraîches

L'orignal est l'animal le plus imposant de toute l'Amérique du Nord.

Faire les accords dans le groupe du nom

b) **Complète les phrases suivantes à l'aide des GN que ton enseignante te dicte.**

1. L'orignal a l'air bossu à cause _____

_____

_____ .

2. Grâce à _____ , il est aussi

à l'aise sur _____

des montagnes que dans la neige abondante.

3. _____ peut plonger jusqu'à

_____ ou plus sous l'eau;

elle peut aussi nager sur une distance de _____

_____ .

4. L'orignal se nourrit _____ :

des feuilles, des arbrisseaux et _____

_____ comme des

nénuphars.

5. Même avec _____

et son imposante taille, l'orignal peut se déplacer

dans _____ aussi

silencieusement qu'un chat.

6. Vers le mois de novembre, les orignaux mâles

d'_____ se débarrassent

de leur panache en le frottant contre

_____ d'arbres.

7. Les _____ gardent parfois

leurs bois jusqu'au printemps.

La plupart des renseignements ont été tirés du site de la Fédération canadienne de la faune, le 23 août 2005.

35 Synthèse

Activité 1

VOIR
PAGE 119, Nᵒˢ 9.4, 9.5

Vérifie ta compréhension du nom de même que ton habileté à faire les accords dans les GN.

Écris les GN que ton enseignante te dicte. Fais les accords nécessaires à l'intérieur de chacun.

1. Hier, j'ai vu un film de science-fiction. _____

_____ se déroulaient

sur _____. C'est sans doute

cela qui m'a fait faire _____.

2. Dans mon rêve, j'étais à bord d' _____

avec Cédric, _____.

3. Nous portions _____

qui reluisaient dans _____

_____.

4. Soudain, _____

_____

s'est abattue sur nous. _____

_____ ont secoué notre vaisseau.

5. Grâce à _____, nous avons

réussi à colmater _____.

Finalement, la tempête s'est calmée et nous avons poursuivi notre

voyage vers _____.

6. Nous avons atterri sur _____

_____.

Je ne vous raconte pas la suite : _____

s'est transformé en un cauchemar qui me donne encore

_____ !

Synthèse **Activité 2**

Dessine ici un des éléments que tu décris dans ton texte.

a) **Décris en quelques phrases les animaux monstrueux et les plantes extravagantes d'une planète imaginaire. Ton texte doit comprendre au moins cinq GN.**

_____

_____

_____

_____

_____

_____

_____

_____

_____

_____

_____

_____

_____

_____

_____

b) **Relis ton texte et souligne les GN. Inscris le genre et le nombre au-dessus de chaque nom, puis justifie par des flèches les accords de tes déterminants et de tes adjectifs.**

c) **Donne un titre accrocheur à ton texte descriptif. Écris-le au-dessus de ton texte.**

L'orthographe grammaticale

L'accord du verbe

Le verbe est en général le mot le plus important de la phrase. Quand tu écris un texte, tu dois prêter une attention particulière à l'accord de tes verbes conjugués.

10.1 Comment reconnaître un verbe conjugué ?

Je reconnais qu'un mot est un **verbe conjugué** parce que, dans la phrase, je peux le conjuguer à une autre personne.

Je peux aussi encadrer ce mot par *ne… pas.*

Irma <u>parle</u> à Vincent.

Je peux dire :
Je parle à Vincent,
tu parles à Vincent,
nous parlons à Vincent,
etc.

*Irma **ne** parle **pas** à Vincent.*

10.2 Quelle est la règle d'accord du verbe ?

🐾 **Le verbe s'accorde : en personne (1re, 2e ou 3e) et en nombre (singulier ou pluriel) avec le sujet.**

Je <u>chante</u> mal. Tu <u>chantes</u> bien. Mia <u>chante</u> fort.
Nous <u>chantons</u> en chœur. Vous <u>chantez</u> faux.
Pascale et René <u>chantent</u> doucement.

Remarque – On dit que le verbe est un « receveur », car il **reçoit** la personne et le nombre du mot (ou du groupe de mots) qui est le sujet.

Attention ! Quand le verbe est conjugué à un temps composé, comme le passé composé, c'est l'auxiliaire qui prend la personne et le nombre du sujet.

*J'**ai** <u>chanté</u> fort. Tu **as** <u>chanté</u> faux. Ils **ont** <u>chanté</u> doucement.*

<< Sujet >> et << groupe sujet >> désignent ici la même chose. Voir 5.2 et 5.3, p. 65 et 66.

10.3 Comment trouver le sujet ?

🐾 Pour trouver le **sujet**, je pose la question « Qui est-ce qui… ? » (ou « Qu'est-ce qui… ? ») devant le verbe. La réponse est le sujet.

Irma parle à Vincent.
***Qui est-ce qui** parle à Vincent ? **C'est** <u>Irma</u> **qui** parle à Vincent.*

Nous parlons à Vincent.
***Qui est-ce qui** parle à Vincent ? **C'est** <u>nous</u> **qui** parlons à Vincent.*

🐾 Lorsque je suis en présence des pronoms *je, tu, il, ils,* ou *on,* je sais qu'il s'agit d'un sujet. En effet, ces pronoms sont toujours sujets ; ils ne peuvent pas avoir une autre fonction dans la phrase.

10.4 Comment accorder le verbe ?

Quand le sujet est...	La règle d'accord est...	Exemples
un pronom	Le verbe prend la personne (1re, 2e ou 3e) et le nombre de ce pronom.	**1re pers. pl.** *Nous parl**ons** trop.* **2e pers. pl.** *Vous parl**ez** trop.*
un GN dans lequel il y a un seul nom *ou* dét. + N *ou* dét. + N + adj., etc.	Le verbe est toujours à la 3e personne et il prend le même nombre que le nom. On peut remplacer le GN par *il/elle* ou *ils/elles*.	**3e pers. s.** *Une élève parl**e** fort.* **3e pers. pl.** *Les nouveaux élèves parl**ent** fort.*
un GN formé de deux ou plusieurs GN réunis par « et » : GN + **et** + GN	Le verbe est toujours à la 3e personne du pluriel. On peut remplacer le GN par *ils/elles*.	**3e pers. pl.** *Irma et un autre élève parl**ent** sans cesse.* **3e pers. pl.** *Léo et Paulo parl**ent** sans cesse.*
un GN formé de deux GN réunis par « de » : GN + **de** + GN	Le verbe est toujours à la 3e personne et il prend le nombre du noyau du GN. On peut remplacer le GN par *il/elle* ou *ils/elles*.	**3e pers. pl.** *Les livres de la classe **sont** neufs.* **3e pers. s.** *Le travail de ces élèves **est** fascinant.*

Tu hésites ? Mets entre parenthèses tout ce qui peut s'effacer dans le GN : il restera le noyau du GN sujet ; c'est lui qui commande l'accord du verbe. (Voir 9.3.)

*Les livres (de la classe) **sont** neufs.*

*Le travail (de ces élèves) **est** fascinant.*

10.5 Parfois il y a un ou plusieurs mots entre le sujet et le verbe.

*Les élèves ont bien travaillé. L'enseignante les félicit**e**.*
Qui est-ce qui *les félicite ?* **C'est** *L'enseignante* **qui** *les félicite.*

Ici, le mot « les » est un pronom (il remplace le GN « les élèves ») ; il est complément du verbe « félicite ».

Il ne faut pas confondre ce pronom avec le sujet.

10.6 Parfois le sujet est après le verbe.

*« Que c'est beau », dit-il. « Av**ez**-vous faim ? »*
*« Non », répond**ent** les enfants.*

10.7 Mettre la bonne terminaison

A. Le radical et la terminaison

- Chaque verbe est formé d'un radical et d'une terminaison.

- Le **radical**, c'est le début du verbe, c'est la partie qui exprime le sens du verbe.

  La **terminaison**, c'est la partie qui change selon la personne et le temps.

- En français, il y a deux grands types de conjugaison : la conjugaison des verbes en -*er* et la conjugaison des verbes en -*ir*, -*oir* et -*re*.

Verbes en -*er* (sauf *aller*)	Verbes en -*ir*, -*oir*, -*re*	
	Verbes en -*ir* qui font -*issons* à la 1re personne du pluriel	Autres verbes en -*ir*, verbes en -*oir* et verbes en -*re*
Leur radical est toujours le même. *Ex. :* **aim**er ➤ j'**aim**e, j'**aim**ais, j'**aim**erai, etc.	Ils ont deux radicaux. *Ex. :* **fin**ir ➤ je **fin**is, je **fin**irai, nous **finiss**ons, ils **finiss**ent **bât**ir ➤ je **bât**is, je **bât**irai, nous **bâtiss**ons, ils **bâtiss**ent	Ils ont en général deux radicaux, mais parfois plus. *Ex. :* **sav**oir ➤ je **sai**s, nous **sav**ons, je **sau**rai, que je **sach**e (Ici, il y a quatre radicaux !)
Leur conjugaison est régulière.	Leur conjugaison est régulière.	Leur conjugaison est irrégulière. Il faut l'apprendre par cœur !
Leur modèle est le verbe *aimer*.	Leur modèle est le verbe *finir*.	

B. Les terminaisons selon la personne grammaticale

Avec...	La terminaison est...	Exemples
je	-*s*, -*e*, ou -*ai* (Jamais -*es* avec *je* !) -*x* uniquement dans : *je peux, je veux, je vaux*	*Je fini**s**. J'aim**e**. J'**ai**. J'ir**ai**.*
tu	-*s* dans presque tous les cas -*e* uniquement à l'impératif, pour les verbes en -*er* -*x* uniquement dans : *tu peux, tu veux, tu vaux*	*Tu fini**s**. Tu aime**s**. Tu a**s**.* À l'impératif : *Chant**e**.* Exception : *Va. Vas-y.*
il, elle, on, ça, cela *ou* **un GN singulier**	-*e*, -*t*, -*a* -*d* pour les verbes en -*dre*	*Il chant**e**. Elle fini**t**. On **a**.* *Il pren**d**.*
nous	-*ons* sauf : **nous sommes**	*Nous chant**ons**.*
vous	-*ez* sauf : **vous êtes, vous dites, vous faites**	*Vous chant**ez**.*
ils, elles *ou* **un GN pluriel**	-*nt*	*Ils **sont**. Elles **ont**. Ils chant**ent**.* *Elles finiss**ent**. Elles prenn**ent**.*

C. Les terminaisons selon le temps

👥 Les verbes peuvent être conjugués à un **temps simple** ou à un **temps composé**.

un seul mot	deux mots : l'auxiliaire
Ex. : Je **parlerai**.	et le participe passé
	Ex. : J'**ai parlé**.

👥 Voici les principales terminaisons des **temps simples**.

Présent de l'indicatif			Imparfait	Passé simple	
Verbes en -er sauf aller	Verbes couvrir, cueillir, offrir, ouvrir et souffrir	La plupart des autres verbes	Tous les verbes	Verbes en -er	Autres verbes
e	e	s	ais	—	—
es	es	s	ais	—	—
e	e	t	ait	a	t
ons	ons	ons	ions	—	—
ez	ez	ez	iez	—	—
ent	ent	ent	aient	èrent	rent

Futur simple			Conditionnel présent		
Verbes en -er sauf aller et envoyer	Verbes accueillir, cueillir, et recueillir	Autres verbes	Verbes en -er sauf aller et envoyer	Verbes accueillir, cueillir, et recueillir	Autres verbes
erai	erai	rai	erais	erais	rais
eras	eras	ras	erais	erais	rais
era	era	ra	erait	erait	rait
erons	erons	rons	erions	erions	rions
erez	erez	rez	eriez	eriez	riez
eront	eront	ront	eraient	eraient	raient

Subjonctif présent	Impératif présent	
Tous les verbes, sauf avoir et être	Verbe avoir et verbes en -er sauf aller	La plupart des autres verbes
e		
es	e	s
e		
ions	ons	ons
iez	ez	ez
ent		

Pour trouver les terminaisons d'un verbe en particulier, consulte des tableaux de conjugaison. Il y en a dans toutes les grammaires et dans tous les dictionnaires.

Les verbes *être*, *avoir*, *aller*, *faire*, *dire* et d'autres verbes importants ont des conjugaisons particulières ; tu dois les apprendre par cœur.

10.8 Qu'est-ce que l'infinitif?

☙ En grammaire, on désigne les verbes par leur **infinitif**. Par exemple, l'infinitif de « je parle, tu parles, il parle » est « parler ».

☙ Les verbes employés à l'infinitif se terminent par *-er*, *-ir*, *-oir* ou *-re* : aim**er**, fin**ir**, **voir**, prend**re**.

☙ Un verbe s'écrit à l'infinitif dans les cas suivants :
  - après un autre verbe (mais pas *avoir* ni *être*);
    *Elle **voulait** <u>parler</u>.*
  - après des prépositions comme *à*, *de*, *pour*, *avant de*.
    *Elle n'arrêtait pas **de** <u>parler</u>.*

Attention! Il ne faut pas confondre l'**infinitif** des verbes en *-er* avec leur **participe passé** en *-é*. Le participe passé, lui, fait partie d'un verbe conjugué à un temps composé (avec l'auxiliaire *avoir* ou *être*), comme le passé composé.

*Hier, il a **parlé** sans arrêt.*

    auxil.   p. p.

10.9 Qu'est-ce que le participe présent?

☙ Le participe présent est une forme du verbe. Il finit toujours en *-ant* et est invariable. Il est souvent précédé de la préposition *en*.

*Elle s'est fait mal <u>en</u> **tombant** dans l'escalier.*

36 Reconnaître un verbe conjugué

Activité 1

VOIR
PAGE 131, Nº 10.1

Souligne tous les verbes conjugués du texte suivant.

Amélie veut réaliser un projet dans le cours d'univers social tandis que Gaspard a choisi un projet en science et technologie. Déjà, deux élèves ont terminé leur recherche sur le Canada de 1905. La semaine prochaine, Samuel effectuera une recherche sur le Québec des années 1980. Julien fera un travail sur l'hydroélectricité et Samantha rédigera la partie sur les turbines. Les enseignants du 3e cycle vont organiser une exposition commune de tous ces travaux.

Activité 2

VOIR
PAGE 131, Nº 10.1
PAGE 135, Nº 10.8

Souligne tous les verbes conjugués des phrases ci-dessous. Transcris-les ensuite dans le tableau et ajoute leur infinitif.

Tu as de la difficulté à trouver l'infinitif ? Pour t'aider, dis « je dois » devant le verbe : « Je dois… recevoir. »

Ex. : **1** À mon anniversaire, j'ai reçu un petit chien que j'ai appelé Virgule. **2** L'après-midi, quand je reviens de l'école, il m'apporte sa laisse et nous allons nous promener. **3** L'autre jour, il a joué dans un carré de sable et il a attrapé des puces. **4** Il faisait pitié : il gémissait et remuait sans arrêt. **5** J'ai réussi à éliminer tous ces parasites, à l'aide d'une poudre spéciale. Ouf !

Numéro	Verbe conjugué	Verbe à l'infinitif	Numéro	Verbe conjugué	Verbe à l'infinitif
1	ai reçu	recevoir	**4**		
	ai appelé	appeler			
2					
			5		
3					

37 Repérer le sujet

Activité 1

VOIR
PAGE 131, Nᵒˢ 10.1, 10.3

Dans les phrases suivantes, souligne les verbes conjugués et mets le sujet entre crochets.

1. Nous faisons une recherche sur l'urbanisation du Québec à la fin du 19e siècle.

2. Deux élèves liront les textes du manuel et les résumeront.

3. Sacha et Amélie rempliront la fiche de renseignements.

4. Les autres élèves de l'équipe chercheront des illustrations.

5. Lorsque vous trouverez des renseignements intéressants, vous pourrez les noter.

6. Des élèves vont à la bibliothèque. Ils nous apporteront d'autres livres.

Activité 2

VOIR
PAGES 131-132,
Nᵒˢ 10.1 À 10.4

Justifie l'accord des verbes de la façon suivante.

Souligne d'abord les verbes conjugués, puis mets chaque sujet entre crochets.

Au-dessus du nom ou du pronom qui commande l'accord, écris sa personne et son nombre.

Trace une flèche qui part du nom ou du pronom sujet et qui va jusqu'à la terminaison du verbe.

> Rappelle-toi : un GN est toujours de la 3e personne puisqu'on peut le remplacer par *il / elle* ou *ils / elles*. Si cela t'aide, écris le pronom correspondant au-dessus du GN sujet.

3ᵉ pers. pl.

Ex. : [Les élèves de cette classe] participent à une activité scientifique.

1. Antonio fera une petite expérience pour montrer comment on produit de l'électricité.

2. Évelyne et Martin vont apporter une pile électrique.

3. L'énergie de l'eau permet de produire de l'électricité.

4. Les lignes de transport acheminent l'électricité aux maisons.

38 Accorder le verbe

Activité 1 (sujet *je*)

VOIR
PAGE 132, N° 10.4
PAGE 133, N° 10.7 B

Quand le sujet est *je*, le verbe se met à la 1re personne du singulier.

Mets les verbes entre parenthèses au temps demandé. Assure-toi d'avoir la bonne terminaison.

1. J' (*terminer*, passé composé) _____ ma recherche hier soir.

2. Je (*devoir*, présent de l'indicatif) _____ maintenant mettre mon travail au propre.

3. Je (*finir*, futur simple) _____ après le souper.

4. L'an dernier, j' (*écrire*, imparfait) _____ tous mes travaux à l'ordinateur.

5. Si Coluche n'était pas toujours sur Internet, je (*pouvoir*, conditionnel présent) _____ aller vérifier certains renseignements.

6. Il faut que je lui (*parler*, subjonctif présent)

   _____ sérieusement!

Activité 2 (sujet *tu*)

VOIR
PAGE 132, N° 10.4
PAGE 133, N° 10.7 B

Quand le sujet est *tu*, le verbe se met à la 2e personne du singulier.

Mets les verbes entre parenthèses au temps demandé. Assure-toi d'avoir la bonne terminaison.

1. Cher Coluche, franchement, tu (*exagérer*, présent de l'indicatif)

   _____ .

2. D'abord, tu (*commencer*, passé composé) _____ à consulter des sites Internet au sujet de ta généalogie. Tu (*vouloir*, imparfait) _____ tout savoir sur tes ancêtres.

3. Maintenant, tu (*passer*, présent de l'indicatif)

   _____ ton temps à chercher des modèles de niches : pour l'été, pour l'hiver, isolées ou non, avec étage ou non.

Accorder le verbe

VOIR

PAGE 132, Nº 10.4
PAGE 133, Nº 10.7 B

Activité 3 (sujet *il*, *elle*, *on* ou un GN au singulier)

Quand le sujet est *il*, *elle*, *on* ou un GN au singulier, le verbe se met à la 3ᵉ personne du singulier.

Mets les verbes entre parenthèses au temps demandé. Assure-toi d'avoir la bonne terminaison.

1. Sacha (*lire*, passé composé) _____
   tous les textes sur le sujet, mais il (*oublier*, passé composé)

   _____ de prendre des notes.

2. Clémence (*faire*, passé composé) _____
   des recherches à la bibliothèque, mais (*perdre*, passé composé)

   _____ les références.

3. D'habitude, on (*prendre*, présent de l'indicatif)

   _____ aussi en note la source des illustrations.

4. Si Simon (*être*, imparfait) _____ seul avec eux,

   il les (*disputer*, conditionnel présent) _____ .

5. Noëlle ne (*vouloir*, futur simple) _____ plus
   travailler avec eux.

6. Un élève (*expliquer*, présent de l'indicatif) _____
   que c'est normal de faire des erreurs lorsqu'on (*apprendre*, présent

   de l'indicatif) _____ quelque chose.

7. « Cela (*faire*, présent de l'indicatif) _____
   partie de l'apprentissage ! »

8. « Je ne veux pas qu'on (*se chicaner*, subjonctif présent)

   se _____ , mais la prochaine fois, il faudra

   qu'on (*faire*, subjonctif présent) _____
   attention ! »

9. Il (*penser*, passé simple) _____ que c' (*être*,

   imparfait) _____ parfois difficile de travailler

   en équipe, mais qu'il (*adorer*, imparfait) _____
   cela.

Accorder le verbe

VOIR

PAGE 132, Nº 10.4
PAGE 133, Nº 10.7 B

Activité 4 (sujet *nous*)

Quand le sujet est *nous*, le verbe se met à la 1re personne du pluriel.

Mets les verbes entre parenthèses au temps demandé. Assure-toi d'avoir la bonne terminaison.

1. Nous (*vouloir*, conditionnel présent) _____ vous parler de notre expérience.

2. Nous (*devoir*, imparfait) _____ réaliser un projet dans le cours d'univers social.

3. Nous (*avoir*, conditionnel présent) _____ d'abord dû dresser la liste de tout ce qu'il y avait à faire.

4. Mais voilà, nous (*être*, imparfait) _____ impatients de commencer et nous (*réfléchir*, passé composé)

   n'_____ pas _____ suffisamment.

Activité 5 (sujet *vous*)

VOIR

PAGE 132, Nº 10.4
PAGE 133, Nº 10.7 B

Quand le sujet est *vous*, le verbe se met à la 2e personne du pluriel.

Mets les verbes entre parenthèses au temps demandé. Assure-toi d'avoir la bonne terminaison.

1. Quand le temps est venu de rédiger votre texte, vous (*réaliser*,

   passé composé) _____ que plusieurs éléments manquaient.

2. Vous (*être*, imparfait) _____ en effet mal organisés.

3. Vous (*savoir*, imparfait) _____ pourtant qu'il faut bien se répartir les tâches.

4. La prochaine fois, vous vous (*préparer*, futur simple)

   _____ mieux!

5. Vous (*pouvoir*, conditionnel présent) _____ faire le bilan de cette expérience.

Nom : _____   Date : _____

Accorder le verbe

VOIR
PAGE 132, Nº 10.4
PAGE 133, Nº 10.7 B

Activité 6 (sujet *ils*, *elles* ou un GN au pluriel)

Quand le sujet est *ils*, *elles* ou un GN au pluriel, le verbe se met à la 3e personne du pluriel.

Mets les verbes entre parenthèses au temps demandé. Assure-toi d'avoir la bonne terminaison.

1. Antonia et Jocelyn (*aller*, imparfait) _____ à leur cours de natation.

2. Ils (*vouloir*, imparfait) _____ participer à la prochaine compétition.

3. Patrice et Victor (*penser*, passé simple) _____

   qu'ils (*aimer*, conditionnel présent) _____ bien jouer au soccer tout de suite.

4. Les autres élèves (*préférer*, imparfait) _____ jouer dans le gymnase.

5. Les élèves de l'école voisine (*avoir*, futur simple)

   _____ bientôt de nouveaux ballons.

6. S'ils (*venir*, imparfait) _____ ici, ils (*être*,

   conditionnel présent) _____ les bienvenus.

7. On souhaite qu'ils (*apporter*, subjonctif présent)

   _____ leurs ballons!

Activité 7

Imagine une compétition sportive. Décris les actions des joueurs, des spectateurs et des entraîneurs.

Vérifie l'accord des verbes en laissant des traces de ta démarche.

Tu peux écrire ton texte à la page 176 ou sur une feuille mobile.

_____

_____

_____

_____

39 Accorder le verbe malgré certaines difficultés

Activité 1

VOIR
PAGE 132, Nº 10.5

Dans les phrases ci-dessous, le pronom qui est entouré n'est pas le sujet : c'est un complément du verbe.

Trouve le sujet et relie-le par une flèche au verbe correctement orthographié.

Même s'il y a un mot entre le sujet et le verbe, utilise la question « Qui est-ce qui… ? » devant le verbe pour trouver le sujet.

Ex. : Sébastien (me) (dis / dit) qu'il a perdu ses chaussettes.

1. Tu (lui) (a permis / as permis) d'utiliser ton baladeur numérique.

2. Je (vous) (parlerai / parlerez) du lamantin, cet étrange animal.

3. Nous (leur) (demanderont / demanderons) d'apporter plusieurs araignées.

4. Vous (me) (permettrai / permettrez) de ne pas manger cette chose bizarre.

5. Les autres membres de l'équipe (nous) (accompagneront / accompagnerons) à l'exposition.

Activité 2

VOIR
PAGE 132, Nº 10.6

Dans certains cas, le sujet est placé après le verbe. Cela arrive surtout dans certaines phrases interrogatives et dans des phrases indiquant qui parle.

Relie le sujet par une flèche au verbe bien orthographié.

1. Quand (apprendrons / apprendront) -nous à jouer de la flûte ?

2. Pourquoi lui (demande / demandes) -tu de recopier ce texte ?

3. « Nous n'irons pas à cette exposition », (répondit / répondirent) -ils.

4. « Admire ces magnifiques photos », (dit / dis) -elle.

5. (Va / Vas) -tu à la répétition générale ?

40 Accorder le verbe à l'impératif

VOIR
PAGE 134, Nº 10.7 C

N'oublie pas la majuscule au début d'une phrase.

Activité 1

Mets les verbes entre parenthèses à la 2e personne du singulier, à l'impératif présent. Souligne la terminaison du verbe.

Ex. : Tu veux te rendre au jardin zoologique?

_____ Emprunt<u>e</u> _____ (*emprunter*) d'abord la rue Bourget.

1. _____-la (*suivre*) jusqu'à la rue Saint-Hubert.

2. Ensuite, _____ (*tourner*) à gauche.

3. _____ (*continuer*) d'avancer : l'entrée du jardin est tout près.

4. _____ (*franchir*) la barrière du zoo

et _____ (*garer*) ta bicyclette.

5. N'_____ (*oublier*) pas de cadenasser ton vélo !

Activité 2

Mets les verbes entre parenthèses à l'impératif présent, à la 1re ou 2e personne du pluriel. Souligne la terminaison du verbe.

1. _____ (*chanter*, 1re pers. pl.) en chœur pour célébrer cet événement.

2. _____ (*apporter*, 2e pers. pl.) votre lunch

et _____ (*venir*, 2e pers. pl.) fêter avec nous.

3. _____ (*aller*, 1re pers. pl.) voir ce curieux animal.

4. _____ (*ouvrir*, 2e pers. pl.) grands vos yeux et vos oreilles.

5. _____ (*être*, 2e pers. pl.) attentifs : la naissance d'un panda en captivité est un événement très rare !

41 Reconnaître et utiliser l'infinitif

Activité

VOIR
PAGE 131, Nº 10.1
PAGE 135, Nº 10.8

Souligne d'un trait les verbes conjugués et de deux traits les verbes à l'infinitif.

Ex. : Quand vous avez un texte à écrire, prenez le temps de réfléchir
     et de bien planifier votre rédaction.

1. Soyez certains, par exemple, de bien cerner le sujet du texte

et de bien comprendre qui est le destinataire. N'oubliez pas

de clarifier votre intention avant d'élaborer un plan.

2. Ayez d'abord en tête le schéma du genre de texte que vous devez

écrire : un texte qui raconte, un texte qui décrit, un texte qui cherche

à convaincre ou un texte qui donne des instructions.

3. Vous pouvez tracer ce schéma sur papier et y inscrire vos idées :

vous obtiendrez ainsi le plan de votre texte.

4. Une fois que votre plan est bien établi, vous pouvez commencer

à écrire votre texte. Évidemment, vous pouvez modifier votre plan

en cours de route.

5. N'oubliez pas de créer un nouveau paragraphe lorsque vous abordez

une nouvelle idée ou lorsque vous traitez un nouvel aspect du sujet.

6. Enfin, pensez à donner un titre à votre texte et à insérer des intertitres,

au besoin.

42 Reconnaître et utiliser le participe présent

VOIR
PAGE 135, N° 10.9

Activité 1

Souligne les participes présents du texte ci-dessous.
Écris leur infinitif au-dessus.

aller

Ex. : En <u>allant</u> à l'école, j'ai rencontré un étrange personnage.

Il marchait en sautillant constamment. Il tournait la tête rapidement

de tous côtés. En descendant du trottoir, il a trébuché et est tombé

par terre. En se relevant, il a renversé le contenu de son sac. Je me suis

précipité vers lui pour l'aider à ramasser des oranges qui roulaient un peu

partout. Il m'a regardé en souriant. « Je m'exerce à exécuter une nouvelle

danse, m'a-t-il dit. Voulez-vous danser avec moi, tout en marchant ? »

Activité 2

Écris le participe présent des verbes suivants, puis compose une phrase avec chacun.

pleurer : _____   crier : _____

finir : _____   partir : _____

 _____

 _____

>> _____

>> _____

43 Synthèse

Activité 1

VOIR

PAGES 131 À 134,
Nᵒˢ 10.2 À 10.7

Trouve le verbe qui est bien accordé. Voici comment procéder.

Mets le sujet entre crochets. Au-dessus du nom ou du pronom qui commande l'accord, écris sa personne et son nombre. Souligne ensuite le verbe (ou l'auxiliaire) qui est bien accordé.

3ᵉ pers. s.

Ex.: [L'eau de la mer] (est/es) salée.

1. Tu (a/as) beaucoup lu sur ce sujet.

2. Les sels et les minéraux (provient/provienne/proviennent) des roches et du sol.

3. La pluie les (décompose/décomposent/décomposes).

4. Les cours d'eau (transportes/transportent/transporte) ces débris vers les océans.

5. La concentration de sels minéraux (explique/expliquent) le goût salé de la mer.

6. Vous (apprécié/appréciez) ces explications.

7. Nous (finirons/finiront) l'exposé par des illustrations.

8. Je vous (montrerez/montrerai) le produit final.

9. (Aurez/Aurai) -vous le temps de le regarder ?

Synthèse   **Activité 2**

Écris correctement les verbes que ton enseignante te dicte.

En forme!

1. La famille Tartempion _____ de se mettre en forme. « L'important,

_____ M. Tartempion aux autres membres de sa famille, c'est de

_____ ! En _____ tous les moments où vous

_____ actifs pendant la journée, vous _____

totaliser au moins 60 minutes. Alors, _____,

_____, _____ au ballon,

_____ en vélo : _____ ce que vous

_____, mais _____ ! Quant à moi, je

_____ tous les jours et j'_____ nager deux fois

par semaine après mon travail. »

2. Chaque jour, les enfants _____ au parc et _____

tout autour du terrain. Ils _____ des jeux en _____

des obstacles à leur circuit ou en _____ des courses. Les chiens du

voisinage _____ avec eux en _____ joyeusement.

3. Mme Tartempion, elle, se _____ à la marche rapide. Avant de partir

d'un bon pas, elle _____ des exercices d'échauffement des muscles. Ces

exercices _____ la température du corps et _____

les vaisseaux sanguins ; ils _____ plus de sang et donc plus d'oxygène

dans les muscles. Cette précaution _____ les risques de blessures ou de

« courbatures du lendemain ». Les enfants de Mme Tartempion _____

mieux de suivre son exemple !

4. Coluche, lui, _____ de se rouler par terre devant la télévision, de

_____ avec Mme Tartempion et de courir au parc avec les enfants.

Il _____ bien voulu aller à la piscine, mais…

Onzième partie

L'orthographe grammaticale

L'accord de l'adjectif attribut et du participe passé

L'accord de l'adjectif attribut du sujet et l'accord du participe passé employé avec *être* sont très semblables. Tu peux mémoriser leur règle rapidement!

11.1 L'adjectif attribut du sujet

Tu sais déjà qu'un **adjectif** fait souvent partie d'un GN. Il prend alors le même genre et le même nombre que le nom qu'il complète.

      GN   GN

*Ma **petite** <u>sœur</u> veut apprendre à lire. Elle aime <u>les histoires</u> **drôles**.*
dét. adj. N   dét.   N   adj.

Mais l'**adjectif** peut s'employer d'une autre façon.

Observe les cas suivants.

    A. *Ma sœur <u>est</u> **curieuse**.*
                      adj.

    B. *Ses amis <u>sont</u> **imaginatifs**.*
                      adj.

    C. *Son chien <u>est</u> complètement **fou**.*
                           adj.

- Dans ces trois cas, l'**adjectif** est introduit dans le groupe du verbe par le verbe **être**.

- Dans ces trois cas, l'adjectif nous renseigne sur le sujet; dans **A**, par exemple, il nous donne un renseignement sur « ma sœur ». C'est pourquoi on dit que cet adjectif a la fonction d'**attribut du sujet**.

11.2 Le verbe attributif

- Parce qu'il introduit un attribut, le verbe **être** est appelé « verbe attributif ».

- Il y a d'autres verbes attributifs. Les plus utilisés sont : **devenir**, **paraître**, **rester**, **sembler**.

  *L'orage **semble** imminent.*

  *Les enfants **deviennent** turbulents.*

  *Karine **paraît** sereine.*

  *Malgré des paroles rassurantes, les plus jeunes **restent** anxieux.*

11.3 L'accord de l'adjectif attribut du sujet

m. = masculin
f. = féminin
s. = singulier
pl. = pluriel

| L'adjectif attribut s'accorde en genre et en nombre avec le sujet. | **m. s.**
Il est **fier** de son exploit.

f. s.
Elle est **fière** de son exploit.

m. pl.
Les chiens paraissent très **craintifs**.

f. pl.
Mes chattes semblent **craintives**. |
| **Attention!** Lorsque le sujet est un GN formé de plusieurs éléments, il faut trouver son <u>noyau</u> pour accorder l'adjectif attribut. | **m. s.**
Le chien de ma petite sœur est **bruyant**. |

11.4 Le participe passé

☙ Quand un verbe est conjugué à un temps composé, il est formé de deux mots: l'auxiliaire (*être* ou *avoir*) et le **participe passé** du verbe.

Je **suis arrivé** très tard.   Mon chien **a attendu** longtemps.

auxil. *être*   participe passé du V *arriver*   auxil. *avoir*   participe passé du V *attendre*

☙ Quand on ne sait pas comment se termine un participe passé au masculin, on pense à sa forme au féminin.

assise ➛ assi**s**; écrite ➛ écri**t**; rendue ➛ rend**u**

11.5 L'accord du participe passé employé avec *être*

| Le participe passé employé avec *être* s'accorde en genre et en nombre avec le sujet.

Attention! Lorsque le sujet est un GN composé de plusieurs éléments, il faut trouver son <u>noyau</u>. C'est avec lui que s'accorde le participe passé employé avec *être*. | **m. s.**
Le chien est **parti**.

f. s.
La chatte est **partie**.

m. pl.
Les oiseaux sont **partis**.

f. pl.
Les lapines de mon cousin sont **parties**. |

44 Reconnaître l'adjectif attribut du sujet

VOIR
PAGE 149, Nᵒˢ 11.1, 11.2

Attention ! Il peut y avoir un adverbe entre le verbe attributif et l'adjectif, comme dans l'exemple.

Activité

Exerce-toi à reconnaître les adjectifs attributs du sujet.

Dans les phrases ci-dessous, repère les verbes attributifs comme *être*, *devenir*, *paraître*, *rester*, *sembler*. Écris « V attr. » en dessous.

Souligne ensuite les adjectifs qui les suivent : ce sont des adjectifs qui ont la fonction d'attribut du sujet.

Ex. : Ma nouvelle tante semble très <u>gentille</u>.
    V attr.

1. Cette soirée me paraissait interminable. Les jeunes enfants étaient très turbulents.

2. Les adultes, inquiets à l'idée de rentrer tard, semblaient maussades.

3. Même le chien de ma sœur paraissait malheureux.

4. Tous les invités étaient perplexes : à quelle heure servirait-on le souper ? À quelle heure verrait-on le film promis ?

5. Les hôtes de la maison réalisèrent tout à coup qu'ils avaient complètement oublié le souper. De plus, la personne qui devait apporter le film était absente ! Tout le monde resta sidéré !

6. Heureusement, ma tante eut la brillante idée de faire gentiment des blagues sur la situation. Tout le monde a rigolé de bon cœur.

7. Tout à coup, les problèmes devenaient beaucoup moins importants.

8. Les personnes qui sont vives et spirituelles nous sortent souvent d'un mauvais pas !

45 Accorder l'adjectif attribut du sujet

Activité 1

VOIR
PAGE 150, Nº 11.3

Dans les phrases ci-dessous, les adjectifs attributs du sujet sont en gras. Justifie leur accord de la façon suivante.

Mets le sujet entre crochets. Écris au-dessus son genre et son nombre. Trace ensuite une flèche qui va du sujet à l'adjectif attribut.

> m. pl.
> Ex. : [Les gamins] étaient **anxieux** à l'idée d'échanger des cadeaux.

Pour trouver le sujet, pose la question « Qui est-ce qui… » ? ou « Qu'est-ce qui… » ? devant le verbe et ce qui le suit.

1. Cela paraissait **simple**. Pour la fête, chacun devait apporter un petit cadeau, puis on procéderait aux échanges.

2. Les cadeaux devaient être peu **chers** et **pratiques**.

3. Ma mère parut **enchantée** de recevoir un disque de musique

   folklorique, même si elle est **allergique** à ce type de musique.

4. Mon père sembla **ravi** de recevoir un ourson en peluche.

Activité 2

VOIR
PAGE 150, Nº 11.3

Il s'agit ici de trouver l'adjectif attribut correctement orthographié. Voici comment procéder.

Mets le sujet entre crochets. Écris au-dessus son genre et son nombre. Trace ensuite une flèche qui va du sujet à l'adjectif attribut qui convient.

> m. pl.
> Ex. : [Les enfants de notre voisine] restèrent (surpris / surprise) quand ils déballèrent un batteur à œufs.

N'oublie pas : c'est le noyau du GN qui commande l'accord ; c'est donc le genre et le nombre du noyau que tu dois écrire.

**Accorder l'adjectif attribut
du sujet**

1. Ma sœur était (découragé / découragée) quand elle a déballé une cravate.

2. Le bébé était (furieux / furieuse) de recevoir une boîte d'huîtres fumées.

3. Grand-père semblait (désespérés / désespéré / désespérées) en déballant
   des aiguilles à tricoter.

4. Les nièces de notre voisin paraissaient (étonné / étonnées / étonnés)
   devant un hochet musical et une sucette.

Activité 3

VOIR

PAGE 150, Nº 11.3

Dans les phrases ci-dessous, les adjectifs attributs du sujet sont mal
orthographiés. Tu dois les corriger.

**Trouve d'abord le verbe attributif. Écris « V attr. » en dessous,
puis souligne l'attribut.**

Procède ensuite comme à l'activité précédente.

**Après avoir relié le sujet à l'adjectif attribut, apporte les corrections
nécessaires.**

Ex. :
(elle) f. s.   e
[La chatte de mes cousins] semblait figés devant un CD de musique rock.
                          V attr.

Tu as de la difficulté
à reconnaître le genre
et le nombre du
noyau d'un GN ?
Remplace le noyau
par *il*, *ils*, *elle* ou
elles, comme dans
l'exemple.

1. Ma tante resta pétrifié devant un os en caoutchouc.

2. Mes jeunes cousins furent stupéfait en déballant de l'herbe aux chats.

3. Le chien de nos voisins resta immobiles quand on lui mit devant

   le nez un assortiment de tournevis.

46 Reconnaître les verbes conjugués avec *être* et *avoir*

Activité 1

VOIR
PAGE 150, Nº 11.4

Souligne les verbes formés d'un auxiliaire et d'un participe passé. Remplis ensuite le tableau, en suivant l'exemple donné.

Ex. : Stéphanie <u>est allée</u> au cinéma avec son amie Nadia.

1. Le film a débuté en retard.

2. Plusieurs personnes sont arrivées alors que le film était commencé.

3. Des enfants ont renversé leurs boissons gazeuses par terre.

4. L'histoire était terrifiante : Stéphanie et Nadia sont parties avant la fin.

5. Si elles avaient su, elles ne seraient pas venues !

Verbe conjugué à un temps composé (auxil. + participe passé)	Auxiliaire employé	Infinitif du verbe
Ex. : *est allée*	être	aller
1.		
2.		
3.		
4.		
5.		

Reconnaître les verbes
conjugués avec *être* et *avoir*

VOIR

PAGE 150, N° 11.4

Attention ! Il peut y
avoir un adverbe
entre l'auxiliaire et le
participe passé. C'est
le cas aux numéros **4**
et **5**.

Activité 2

a) **Dans les phrases suivantes, souligne les verbes conjugués
avec l'auxiliaire *être*. Écris « être » sous l'auxiliaire et « p. p. »
sous le participe passé.**

Ex. : La semaine dernière, Jonathan <u>est parti</u> dans un camp de vacances.
         être p. p.

1. En arrivant au camp, il est allé tout de suite dans la chambre

et a ouvert son sac à dos.

2. Il est ressorti en courant : il n'avait pas pris le bon sac ! C'était celui

de sa sœur !

3. Il est descendu à la réception voir si ses parents y étaient encore.

4. Ses parents étaient déjà montés dans l'auto.

5. Jonathan a crié à pleins poumons. Ses parents l'ont entendu

et sont vite revenus à la réception.

6. Misère ! Son sac à dos était resté à la maison, à 200 kilomètres de là !

b) **Transcris les verbes conjugués avec l'auxiliaire *être* dans le tableau
suivant et donne l'infinitif de chacun de ces verbes.**

Verbe conjugué avec *être*		Infinitif
auxil. *être*	p. p.	
Ex. : est	parti	partir
1.		
2.		
3.		
4.		
5.		
6.		

47 Accorder le participe passé employé avec *être*

VOIR
PAGE 150, N° 11.5

Activité 1

Dans les phrases ci-dessous, les participes passés employés avec l'auxiliaire *être* sont en gras. Justifie leur accord de la façon suivante.

Mets le sujet entre crochets.

Écris au-dessus son genre et son nombre.

> N'oublie pas : c'est le noyau du GN qui commande l'accord ; c'est donc le genre et le nombre du noyau que tu dois écrire.

Trace ensuite une flèche qui va du sujet au participe passé.

Ex. : [Ma tante Phonsine] est **partie** travailler tôt ce matin, très pressée.
f. s.

1. Laissé seul, son nouveau chat, Tréma, est **devenu** tout excité.

2. Il a couru sur le comptoir de la cuisine ; les tasses sont **tombées** par terre.

3. La porte de la chambre était **ouverte** ; il a plongé ses griffes dans le fauteuil de cuir.

4. Les tiroirs de la commode étaient **ouverts**, eux aussi : il a pensé que c'était sa litière.

5. Ce soir, tante Phonsine a un chat à donner ! Tous les amis ont été **informés**.

Accorder le participe passé
employé avec *être*

VOIR

PAGE 150, Nº 11.5

Activité 2

Choisis le participe passé qui est bien orthographié. Pour justifier tes réponses, laisse des traces de ton raisonnement, comme dans l'exemple.

m. s.

Ex. : En vacances en Abitibi, [Frédéric] est (allée / allés / <u>allé</u>) cueillir

des bleuets avec son amie Sandra.

1. Ils sont (parti / partie / partis) chacun avec un panier.

2. Après quelque temps, Sandra s'est (assis / assise) par terre

et s'est mise à manger des bleuets.

3. Un gros bruit est (survenu / survenus / survenue) dans les fourrés.

4. Un ours ! Frédéric et Sandra se sont (enfuie / enfui / enfuis) en courant

dans les buissons.

5. Tous les bleuets de leurs paniers sont (tombés / tombée / tombé)

par terre.

6. Ce n'était qu'un faon !

Alertés par les cris, les parents sont (arrivé / arrivés), inquiets.

« Sachez qu'il ne faut jamais se mettre à courir, si on se trouve face

à un ours », ont-ils dit.

48 Synthèse

Activité 1

VOIR

PAGES 149-150,
N⁰ˢ 11.1 À 11.5

a) **Vérifie tes connaissances en complétant les phrases suivantes.**

1. Un adjectif attribut du sujet est introduit par un verbe comme

_____, _____, _____,

_____, _____.

2. L'adjectif attribut s'accorde en genre et en nombre

avec le _____. En d'autres termes, c'est

le _____ qui donne son genre et son nombre

à l'adjectif attribut du sujet. Si le sujet est un GN, il faut trouver

son _____.

b) **Compose trois phrases sur un personnage original de ta famille ou sur un personnage de ton invention. Utilise au moins deux fois le verbe *être* (ou un autre verbe attributif) suivi d'un adjectif.**

Trace une flèche qui va du sujet à l'adjectif attribut pour justifier tes accords.

Par exemple, tu peux commencer par : *Mon oncle Tartempion est…*

_____

_____

_____

_____

c) **Ajoute un frère ou une sœur au personnage que tu as décrit et retranscris tes trois phrases en les mettant au pluriel. Par exemple, si tu as choisi de parler de ton oncle Tartempion, cela donnerait :** *Mon oncle Tartempion et son frère sont…*

_____

_____

_____

_____

Synthèse

VOIR

PAGES 149-150,
Nᵒˢ 11.1 À 11.5

Activité 2

a) **Vérifie tes connaissances en complétant les phrases suivantes.**

1. Lorsqu'un verbe est conjugué à un temps composé,

il est formé d'un _____

et d'un _____ .

2. Un participe passé employé avec l'auxiliaire *être* s'accorde

en genre et en nombre avec le _____ . En

d'autres termes, c'est le _____ qui donne

son genre et son nombre au participe passé employé avec *être*. Si

le sujet est un GN, il faut trouver son _____ .

b) **Corrige tous les adjectifs et les participes passés qui sont mal accordés. Laisse des traces de ton raisonnement, comme dans l'exemple.**

         e   *f. s.*   *e*
Ex. : Ma petit sœur était couché depuis longtemps quand l'orage a éclaté.

_____

1. À cause de l'orage, les adolescents sont rentré un peu tard.

_____

2. Des parents inquiet mais patient les attendaient.

_____

3. Heureusement, leurs leçons et leurs devoirs étaient terminé.

_____

4. Dans la cour, deux grand et gros arbres ont été foudroyé.

_____

5. Les magnifique fleurs coloré et parfumé sont écrasé.

_____

6. Les sœurs de mon père sont retourné chez elles.

_____

7. La voiture de mes parents est endommagé.

Orthographe

Mots qui ont le même son

Certains mots et certaines terminaisons de verbes ont le même son.
Ils n'ont toutefois pas toujours la même orthographe. Pour t'aider
à les différencier, voici un aide-mémoire à consulter quand tu écris.

Mots qui ont le même son

Mots qui ont le même son que...	Exemples d'emploi	Classe des mots	Moyen de reconnaître le mot
a			
1 *as, a*	*Tu **as** froid.* *Il **a** froid.*	verbe *avoir*	Comme c'est un verbe, je peux le conjuguer à un autre temps. *Tu <u>avais</u> froid. Il <u>avait</u> froid.*
2 *à*	*Tu vas **à** l'école.*	préposition	Je ne peux pas conjuguer ce mot puisque ce n'est pas un verbe. *Tu vas ~~avais~~ l'école.*
ça			
3 *ça*	***Ça** va ? **Ça** te plaît ?* *J'aime **ça**.*	pronom démonstratif	Je peux le remplacer par un autre pronom : *cela.* *<u>Cela</u> va ? <u>Cela</u> te plaît ? J'aime <u>cela</u>.*
4 *sa*	*C'est **sa** vie.*	déterminant possessif	Il est dans un GN. Comme c'est un déterminant, je peux le remplacer par un autre déterminant. *C'est <u>la</u> vie.*
ce			
5 *se (s')*	*Il **se** promène.* *Il **s'**amuse.* *Elles **se** sont promenées.*	pronom personnel (sert à former un **verbe pronominal**, c'est-à-dire un verbe qui se conjugue avec deux pronoms de la même personne)	Je peux conjuguer le verbe avec deux pronoms de la même personne. Par exemple, au présent : *Je me promène,* *tu te promènes,* *il <u>se</u> promène,* etc. Au passé composé : *Nous nous sommes promenés,* *vous vous êtes promenés,* *elles <u>se</u> sont promenées,* etc. **Dans tous les autres cas**, j'utilise *ce.*
6 *ce*	***Ce** chat dort.* ***Ce** joli chat...*	déterminant démonstratif	Il est dans un GN.

(suite) →

Mots qui ont le même son que...	Exemples d'emploi	Classe des mots	Moyen de reconnaître le mot
ce (*suite*)			
7 *ce (c')*	***Ce*** *sont vos affaires.* ***Ce*** *n'est pas important.* ***C'est*** *fou.* ***Ce*** *que je veux, c'est dormir tout de suite.*	pronom démonstratif	Il est dans une phrase qui présente quelque chose ou qui insiste.
	*Qu'est-**ce** que tu veux ?*		Il est dans une expression interrogative.
ces			
8 *ces*	***Ces*** *chats sont gris.*	déterminant démonstratif	Il est dans un GN. Je peux ajouter *-là* après le nom. *Ces chats-là sont gris.*
9 *ses*	*Louis est mal chaussé ;* ***ses*** *chaussures sont usées.*	déterminant possessif	Il est dans un GN. C'est un déterminant qui indique l'appartenance, la propriété. (***Ses*** *chaussures* = des chaussures qui lui appartiennent, qui sont à lui.)
10 *c'est*	***C'est*** *joli.* ***C'est*** *Luce qui parle.*	pronom démonstratif (*c'*) et verbe *être*	Je peux remplacer *c'est* par *ce n'est pas.* Ce n'est pas *joli.* Ce n'est pas *Luce qui parle.*
11 *s'est*	*Elle **s'est** perdue.*	pronom personnel (*s'*) avec **verbe pronominal** (c'est-à-dire un verbe qui se conjugue avec deux pronoms de la même personne), au passé composé	Je peux conjuguer le verbe avec deux pronoms de la même personne. *Je me suis perdu, tu t'es perdu, elle s'est perdue*, etc.
dans			
12 *dans*	*J'entrerai **dans** la maison **dans** deux heures.*	préposition	Il est au début d'un groupe complément qui indique un lieu ou un moment.

Mots qui ont le même son que...	Exemples d'emploi	Classe des mots	Moyen de reconnaître le mot
dans (*suite*)			
13 *d'en*	*La météo?* *On vient **d'en** parler.*	préposition *de* + pronom *en*	Je peux remplacer le pronom *en* par *de cela*, après le verbe. *On vient de parler <u>de cela</u>.*
	*Elle vient **d'en** haut.*	(expression)	Contraire: *d'en bas*. *Elle vient d'en haut,* *elle vient <u>d'en bas</u>.*
la			
14 *la*	***La** souris est partie.*	déterminant	Il est dans un GN. Comme c'est un déterminant, je peux le remplacer par un autre déterminant. <u>*Une*</u> *souris est partie.*
	*Cette fille, je **la** vois.*	pronom personnel (est toujours complément du verbe)	Il remplace un GN. Je ne peux donc pas le remplacer par *avoir*. *Cette fille, je l'~~avais~~ vois.*
15 *l'as, l'a*	*Tu **l'as** vue, cette souris?* *Le chat **l'a** mangée!*	pronom personnel (*l'*) et auxiliaire *avoir*	Je peux mettre l'auxiliaire *avoir* à un autre temps: *tu l'<u>avais</u> vue, il l'<u>avait</u> mangée.*
16 *là*	*C'est **là** que j'ai vu mon frère.*	adverbe (de lieu)	Il indique un endroit. Je peux le remplacer par *à cet endroit*. *C'est <u>à cet endroit</u> que j'ai vu mon frère.*
17 *-là*	*Cette fille-**là** est gentille.*	fait partie d'un déterminant démonstratif	Il est dans un GN. Je pourrais dire: <u>*cette fille-ci*</u>.
ma			
18 *m'as, m'a*	*Tu **m'as** vu rire aux larmes.* *Luc **m'a** aperçu.*	pronom personnel (*m'*) et auxiliaire *avoir*	Je peux mettre l'auxiliaire *avoir* à un autre temps. *Tu m'<u>avais</u> vu rire. Luc m'<u>avait</u> aperçu.*
19 *ma*	***Ma** mère chante.*	déterminant possessif	Il est dans un GN. Comme c'est un déterminant, je peux le remplacer par un autre déterminant. <u>*Une*</u> *mère chante.*

Mots qui ont le même son que...	Exemples d'emploi	Classe des mots	Moyen de reconnaître le mot
mes			
20 *mes*	**Mes** *cheveux courts plaisent à tout le monde.*	déterminant possessif	Il est dans un GN. Comme c'est un déterminant, je peux le remplacer par un autre déterminant. <u>*Des*</u> *cheveux courts plaisent à tout le monde.*
21 *mais*	*J'ai froid,* **mais** *je suis bien.*	conjonction (mot invariable)	Exprime une opposition. Peut souvent être remplacé par *pourtant*. *J'ai froid,* <u>*pourtant*</u> *je suis bien.* (Joue le rôle de marqueur de relation.)
mon			
22 *mon*	**Mon** *père rit fort.*	déterminant possessif	Il est dans un GN. Comme c'est un déterminant, je peux le remplacer par un autre déterminant. <u>*Un*</u> *père rit fort.*
23 *m'ont*	*Des amis* **m'ont** *appuyé.*	pronom personnel (*m'*) et auxiliaire *avoir*	Je peux mettre l'auxiliaire *avoir* à un autre temps. *Des amis m'*<u>*avaient*</u> *appuyé.*
on			
24 *on*	**On** *chante tout le temps.* **On** *aime chanter.*	pronom personnel, 3e pers. s. (est toujours sujet)	Comme c'est un pronom, je peux le remplacer par un autre pronom, comme *il*, *elle*, ou par un nom, comme « Léon ». <u>*Elle*</u> *aime chanter.*
25 *on n'*	**On** *n'aime* <u>*pas*</u> *ça.* **On** *n'oublie* <u>*rien*</u>*.*	pronom personnel et adverbe de négation *ne* (*n'* devant une voyelle)	Le *n'* est le *ne* de négation. Un autre mot de négation suit le verbe : *pas, rien, jamais...*
26 *ont*	*Elles* **ont** *froid.*	verbe *avoir*	Je peux mettre le verbe *avoir* à un autre temps. *Elles* <u>*avaient*</u> *froid.*
ou			
27 *ou*	*Veux-tu du lait* **ou** *du jus ?*	conjonction	Signifie *ou bien*. *Veux-tu du lait* <u>*ou bien*</u> *du jus ?*

Mots qui ont le même son que...	Exemples d'emploi	Classe des mots	Moyen de reconnaître le mot
ou (*suite*)			
28 **où**	*Où vas-tu ?*	adverbe	Désigne un lieu.
	*L'école **où** va Mathieu…*	pronom relatif	Désigne un lieu.
peu			
29 **peu**	*Je voudrais un **peu** de lait.*	un peu de : expression invariable	Signifie *pas beaucoup*.
	*De toute façon, il en reste **peu**. Elle est **peu** gourmande.*	adverbe (avec un verbe ou un adjectif)	Signifie *pas beaucoup*.
30 **peux, peut**	*Je **peux** venir. Tu **peux** manger. Il **peut** dormir.*	verbe *pouvoir*	Comme c'est un verbe, je peux le conjuguer à un autre temps. *Je <u>pouvais</u> venir. Tu <u>pouvais</u> manger. Il <u>pouvait</u> dormir.*
sans			
31 **sans**	*Je veux une pizza **sans** tomates. Je te le dis **sans** rire.*	préposition	Indique un manque, une absence, ou une négation. *une pizza sans tomates = une pizza où il n'y a pas de tomates* *sans rire = je ne ris pas*
32 **s'en**	*Mia **s'en** va.*	pronom *s' + en*	Précède un verbe conjugué à la 3e personne. Je peux le conjuguer : *je m'en vais, tu t'en vas, il <u>s'en</u> va, elles <u>s'en</u> vont.*
son			
33 **son**	*Le chien ronge **son** os.*	déterminant possessif	Il est dans un GN. Comme c'est un déterminant, je peux le remplacer par un autre déterminant. *Le chien ronge <u>un</u> os.*

(*suite*) →

Mots qui ont le même son que...	Exemples d'emploi	Classe des mots	Moyen de reconnaître le mot
son (*suite*)			
34 *sont*	*Les chats **sont** dans l'arbre.*	verbe *être*	Je peux le conjuguer à un autre temps. *Les chats <u>étaient</u> dans l'arbre.*
ta			
35 *ta*	***Ta** petite maison est jolie.*	déterminant possessif	Il est dans un GN. Comme c'est un déterminant, je peux le remplacer par un autre déterminant. *<u>Une</u> petite maison est jolie.*
36 *t'a*	*La maladie **t'a** cloué au lit.*	pronom personnel (*t'*) et auxiliaire *avoir*	Je peux mettre l'auxiliaire *avoir* à un autre temps. *La maladie t'<u>avait</u> cloué au lit.*
ton			
37 *ton*	*Tu as exprimé **ton** opinion.*	déterminant possessif	Il est dans un GN. Comme c'est un déterminant, je peux le remplacer par un autre déterminant. *Tu as exprimé <u>une</u> opinion.*
38 *t'ont*	*Les amis **t'ont** félicité.*	pronom personnel (*t'*) et auxiliaire *avoir*	Je peux mettre l'auxiliaire *avoir* à un autre temps. *Les amis t'<u>avaient</u> félicité.*

Terminaisons des verbes ayant le son *é*

Terminaisons	Exemples	Moyen de les différencier
ai	J'**ai** soif. Je crier**ai**.	Le sujet est *je*.
ez	Vous march**ez**. Vous sauter**ez**. Chant**ez**! (imp. prés., 2ᵉ pers. pl.)	Le sujet est *vous*.
é	Il est fatigu**é**. Elle est fatigu**ée**. Ils sont fatigu**és**. Elles sont fatigu**ées**.	On a affaire à un participe passé. Je peux remplacer le participe passé par un autre, comme *vendu*. Si le participe passé est employé seul ou avec l'auxiliaire *être*, je dois alors l'accorder : *é, ée, és, ées*.
er	Nous allons march**er**. Ils aiment chant**er**. Nous allons au parc pour jou**er**.	On a affaire à un verbe à l'infinitif. Je peux remplacer ce verbe par un autre verbe à l'infinitif, comme *vendre*. Je sais aussi qu'il faut mettre le verbe à l'infinitif quand il suit un autre verbe (sauf *avoir* et *être*) ou quand il suit une préposition : *à, de, pour, afin de*, etc. (Voir 10. 8).

49 Ne pas confondre *ce* et *se*

» Activité

Lis attentivement les lignes 5, 6 et 7 du tableau, aux pages 161 et 162.

Complète ensuite les phrases ci-dessous à l'aide du mot qui convient : *ce* ou *se*. Tu as affaire à un verbe pronominal ? Souligne-le et utilise *se*.

Dans tous les autres cas, utilise *ce*.

Ex. : Colin et Aglaé ___*se*___ sont rencontrés au camp de vacances.
___*Ce*___ fut un bel été !

1. _____ soir, _____ sont les enfants qui ont organisé la soirée.

2. Ils _____ sont amusés pendant toute la journée.

3. _____ n'est pas tous les jours qu'ils _____ couchent à minuit.

4. _____ qui est certain, c'est qu'ils sont heureux ! Ils ont vu des aurores polaires !

5. Les aurores polaires, _____ sont des lueurs vertes, parfois violettes ou rouges, qu'on peut admirer dans le ciel.

6. Elles _____ dandinent, formant des arcs, des bandes ou des nuages étranges.

7. En réalité, _____ sont des particules en provenance du Soleil. Elles sont attirées vers les deux pôles de la Terre.

8. Il paraît que _____ phénomène _____ produit en même temps aux deux extrémités du globe.

9. On voit _____ cercle successivement au Canada, puis en Alaska, et enfin en Sibérie.

50 Ne pas confondre *ces* et *ses*

Activité

V O I R
PAGE 162, Nᵒˢ 8, 9

Complète les phrases avec *ces* ou *ses*. Écris *ces* si tu peux faire suivre le nom de *-là*, car le mot à ajouter est alors un déterminant démonstratif.

Écris *ses* quand le déterminant indique l'appartenance, la propriété ; il s'agit alors d'un déterminant possessif.

ces requins-là

Ex. : Grâce à ___*ses*___ habiletés, cette scientifique a pu observer ___*ces*___ requins.

1. Actuellement, on compte au moins 225 espèces de requins. La taille

_____

de _____ poissons varie selon les espèces.

2. Le requin pèlerin est renommé pour _____ grandes dimensions :

_____

_____ dix mètres de longueur et son poids de cinq tonnes lui donnent un aspect menaçant.

3. La maraîche est plus petite : environ trois mètres. Elle capture

_____

_____ proies grâce à sa rapidité. Les bancs de maquereaux,

_____

de morues ou de harengs constituent _____ principales cibles.

4. Même si l'aiguillat commun n'a qu'un mètre de long, il est l'ennemi

_____

du pêcheur : il dévore les appâts que celui-ci met à _____ lignes.

Les aiguillats sont nombreux dans le golfe du Saint-Laurent.

5. Ce requin a deux épines venimeuses : _____ piquants peuvent causer une blessure grave.

6. Les aiguillats sont nombreux dans le golfe du Saint-Laurent ;

_____

_____ requins sont de grands voyageurs.

51 Ne pas confondre *c'est* et *s'est*

» Activité

VOIR
PAGE 162, Nᵒˢ 10, 11

Complète les phrases avec *c'est* ou *s'est*.

Écris *c'est* quand tu pourrais le remplacer par *ce n'est pas*.

Ex. :   Le proverbe « _<u>C'est</u>_ en forgeant que l'on devient forgeron » _<u>s'est</u>_
— *Ce n'est pas*
transmis d'une génération à l'autre.

1. Ce proverbe signifie que _____ en pratiquant un métier qu'on
finit par l'apprendre.

2. _____ ce qu'on faisait autrefois : le débutant apprenait son
métier à force de travailler aux côtés d'une personne expérimentée.

3. _____ de cette façon que mon grand-père est devenu menuisier :

il _____ fait embaucher comme apprenti chez un menuisier
chevronné.

4. _____ en regardant travailler cet homme et en l'aidant qu'il a
appris le métier.

5. Plus tard, il a ouvert son propre commerce dans un village voisin,

où il _____ fait connaître rapidement.

6. Par la suite, il _____ décidé à engager à son tour des apprentis,
car son carnet de commandes se remplissait vite.

7. Aujourd'hui, _____ à l'école qu'on acquiert une bonne partie
des notions nécessaires pour exercer un métier.

52 Ne pas confondre *ma* et *m'a*, *ta* et *t'a*

Activité 1

Complète les phrases avec *ma* ou *m'a*.

Justifie tes réponses à l'aide des moyens proposés aux lignes 18 et 19, dans le tableau de la page 163.

Une	m'avait

Ex. : _____Ma_____ famille a des goûts variés en musique. Elle _____m'a_____ appris à apprécier cet art.

_____

1. _____ musique énerve _____ sœur, mais elle enchante _____ mère.

_____

2. Aujourd'hui, _____ grand-mère est sourde, mais c'est elle qui _____ initié à la musique quand j'étais tout petit.

_____

3. Elle _____ tout appris : les différentes sortes d'instruments et les différents genres de musique.

Activité 2

VOIR
PAGE 166, Nᵒˢ 35, 36

Complète les phrases avec *ta* ou *t'a*.

Ex. : Julie _____t'a_____ remis _____ta_____ bicyclette.

1. _____ copine _____ remercié chaleureusement.

2. Hier, _____ mère _____ récompensé, mais aujourd'hui,

   elle _____ puni !

3. _____ chanson a plu à tout le monde, mais elle _____ valu des maux de tête !

4. Cette histoire _____ beaucoup déplu.

53 Ne pas confondre *mes* et *mais*

Activité 1

Complète les phrases avec *mes* ou *mais*.

Justifie tes réponses à l'aide des moyens proposés aux lignes 20 et 21, dans le tableau de la page 164.

_____Des_____pourtant_____

Ex. : « __Mes__ feuilles respirent, __mais__ elles vont tomber bientôt »,
dit l'érable.

_____

1. « Regardez _____ aiguilles : elles sont toujours vertes ! » lance
l'épinette.

_____

2. « Peut-être, _____ elles piquent, réplique l'érable. Ce sont _____
couleurs automnales qui attirent les touristes », ajoute-t-il d'un ton
prétentieux.

_____

3. « Et moi, grâce à _____ profondes racines, j'empêche l'érosion
du sol », s'écrie le chêne.

_____

4. « Pour qui vous prenez-vous ? _____ racines aussi retiennent
le sol », rétorque l'épinette.

5. « Ah ! cessez de vous disputer ! s'exclame le sapin. Nous sommes

_____

différents, _____ nous sommes tous utiles. »

Activité 2

**Rédige un court texte sur des vêtements qui t'appartiennent :
des vêtements que tu aimes et d'autres que tu n'aimes pas. Utilise au
moins deux fois le déterminant *mes* et deux fois le mot invariable *mais*.**

**Au-dessus des *mes* et *mais* de ton texte, écris le moyen que tu as utilisé
pour choisir le mot.**

Rédige ton texte à la page 176.

54 Ne pas confondre *mon* et *m'ont*, *ton* et *t'ont*

Activité 1

Complète les phrases avec *mon* ou *m'ont*.

Justifie tes réponses à l'aide des moyens proposés aux lignes 22 et 23, dans le tableau de la page 164.

<u>Un</u>   <u>m'avaient</u>

Ex. : _____Mon_____ vélo est rouge. Des gens _____m'ont_____ offert ce cadeau.

1. Quand _____ père et ma mère _____ annoncé que _____ cousin allait me donner son vélo, j'étais fou de joie.

2. Ils _____ fait suivre des cours sur la sécurité à vélo.

3. J'ai promis de partager _____ vélo avec _____ frère. C'est un vélo familial !

Activité 2

VOIR
PAGE 166, Nᵒˢ 37, 38

Complète les phrases avec *ton* ou *t'ont*.

Ex. : _____Ton_____ père et ton oncle _____t'ont_____ amené en camping.

1. Ils _____ donné l'occasion d'aller en forêt et _____ permis d'amener _____ meilleur ami.

2. Ils _____ appris à pêcher. _____ ami préférait observer les oiseaux.

3. Tu aimerais y retourner l'été prochain, mais, cette fois, avec

_____ grand-père.

55 Ne pas confondre *son* et *sont*

» Activité

Complète les phrases avec *son* ou *sont*.

Justifie tes réponses à l'aide des moyens proposés aux lignes 33 et 34, dans le tableau des pages 165 et 166.

une   étaient

Ex. : La mère de Patrice et ___*son*___ amie sont cinéastes. Elles ___*sont*___ allées au Pérou.

_____

1. Elles _____ parties avec beaucoup d'équipement.

_____

2. Elles se _____ organisées pour rencontrer des peuples autochtones, qui vivent très loin des grands centres urbains.

_____

3. Elles se _____ présentées et ont expliqué leur but : faire un reportage sur les conditions de vie d'un peuple millénaire.

_____

4. Le chef d'un village leur a décrit certaines habitudes de _____ peuple.

_____

5. Par exemple, les décisions _____ prises par tous les membres du village.

_____

6. Le manioc, le poisson et le gibier _____ les éléments de base de leur alimentation.

_____

7. Depuis _____ retour, la mère de Patrice travaille à la réalisation du documentaire.

56 Choisir la terminaison en é

Activité

Choisis la terminaison qui convient : *er* **pour l'infinitif ou** *é* **pour le participe passé.**

Utilise *-er* **si tu peux remplacer le verbe par un autre verbe à l'infinitif, comme** *vendre.*

Utilise *-é* **quand tu peux remplacer le participe passé par un autre participe passé, comme** *vendu.*

Indique au-dessus de tes réponses le moyen que tu as utilisé : *vendre* **ou** *vendu.*

Il y a d'autres moyens pour différencier un verbe à l'infinitif en *-er* de son participe passé en *-é* : va voir 10.3, p. 131, et 11.4, p. 150.

vendre

Ex. : La recherche scientifique peut men__*er*__ loin.

Alexander Graham Bell, inventeur du téléphone.

1. Alexander Graham Bell est n_____ en 1847 à Édimbourg, en Écosse.

   Il a immigr_____ à Brantford, en Ontario, en 1870.

2. Son père et lui ont travaill_____ comme thérapeutes du langage auprès de personnes sourdes.

3. Alexander Graham Bell a invent_____ le téléphone grâce à ses connaissances et à son approche scientifique.

4. Il a fait brevet_____ son invention.

5. Sa femme, elle-même atteinte de surdité, a particip_____ à ses travaux.

6. Bell s'est aussi intéress_____ à l'aviation. Il est décéd_____ en 1922.

57 Synthèse

»Activité

Choisis deux mots qui ont le même son dans le tableau des pages 161 à 166.

a) **Rédige un court texte qui contient ces mots. Donne-le ensuite en dictée à un ou une autre élève.**

Les mots que j'ai choisis :

_____

Mon texte :

_____

_____

_____

_____

_____

_____

_____

Le texte que je prends en dictée :

_____

_____

_____

_____

_____

_____

_____

b) **Échangez vos dictées.**
Chaque élève corrige la dictée qu'il ou elle a donnée.

Page 141, activité 7. *Mon texte* :

———————————————————————————————————————

———————————————————————————————————————

———————————————————————————————————————

———————————————————————————————————————

———————————————————————————————————————

———————————————————————————————————————

———————————————————————————————————————

———————————————————————————————————————

Page 171, activité 2. *Mon texte* :

———————————————————————————————————————

———————————————————————————————————————

———————————————————————————————————————

———————————————————————————————————————

———————————————————————————————————————

———————————————————————————————————————

———————————————————————————————————————

———————————————————————————————————————

———————————————————————————————————————

Annexes

Le présent de l'indicatif	
Le **présent de l'indicatif** décrit une action ou une situation qui a lieu au moment où on en parle.	*Charlot saute de joie.* (Charlot saute de joie au moment où on le dit.)
Le **présent de l'indicatif** peut aussi exprimer des vérités générales, valables en tout temps.	*La Terre tourne autour du Soleil.* (C'était vrai hier, ce l'est aujourd'hui et ce le sera demain !)
Le **présent de l'indicatif** sert aussi parfois à raconter : c'est le cas lorsqu'on raconte une histoire ou un fait comme si on y était.	*Nous sommes dans les années 1960. Le Québec connaît une période de grands changements. Le gouvernement prend en charge les écoles et les hôpitaux. Le grand-père de Charlot choisit d'être enseignant.*

Le passé composé	
Le **passé composé** exprime une action ou une situation qui est terminée au moment où on en parle.	*Tantôt, Charlot a sauté de joie. Puis, il a couru à en perdre haleine.*

Le passé simple	
Comme le passé composé, le **passé simple** exprime une action ou une situation qui est terminée au moment où on en parle.	*Tout à coup, un orage survint. Charlot rentra vite à la maison.*

L'imparfait	
L'**imparfait** exprime une action qui a eu lieu dans le passé, mais qui a duré un certain temps.	*Charlot marchait gaiement. Tout à coup, un orage survint.* (Charlot marchait encore quand l'orage a commencé.) *Il y a quelques années, Charlot vivait en Abitibi.* (Cela implique que Charlot a vécu un certain temps en Abitibi.)
L'**imparfait** est souvent utilisé pour les descriptions.	*Des maisons semblaient abandonnées ; leurs fenêtres étaient cassées. Charlot était triste.*
L'**imparfait** peut aussi exprimer une action ou une situation qui est une habitude, une répétition.	*Tous les ans, Charlot allait à la pêche avec son père.*
Après le mot « si », l'**imparfait** exprime une supposition ou une condition.	*Si son père le voulait, Charlot irait à la pêche.* Ici, le verbe « vouloir » à l'imparfait n'exprime pas une action passée, mais une condition.

Attention ! Une erreur fréquente, à éviter : *Si son père le ~~voudrait~~, Charlot irait à la pêche.*

Remarque – Dans un récit raconté au passé, on utilise souvent l'imparfait et le passé composé **ou** l'imparfait et le passé simple.

Le futur simple	
Le **futur simple** situe une action ou une situation dans l'avenir, par rapport au moment où on en parle.	*Charlot partira bientôt à la campagne.*

Le conditionnel présent	
Le **conditionnel présent** exprime parfois un futur incertain.	*Si son père le voulait, Charlot pourrait aller à la pêche.* (Ce n'est pas certain que Charlot aille à la pêche : il faut que son père le veuille bien.)
Le **conditionnel présent** peut parfois aussi exprimer une action future par rapport à une autre action qui, elle, s'est déroulée dans le passé.	*Charlot pensait que son père l'emmènerait.* (Par rapport au moment où Charlot y a pensé, le fait que son père l'emmène ou ne l'emmène pas aura lieu après.)

Le subjonctif présent	
Le **subjonctif présent** exprime une possibilité. (Contrairement aux autres temps décrits ci-dessus, il ne sert donc pas réellement à situer les actions dans le temps.)	*Charlot a peur qu'un orage survienne.*
⚲ Certains verbes, lorsqu'ils sont suivis du mot « que », sont toujours au subjonctif. C'est le cas, par exemple, des verbes **attendre, désirer, douter, exiger, falloir, ordonner, préférer** et **souhaiter**.	*Je préfère que Charlot aille à la pêche.* *Il faut que Charlot fasse ses bagages.* *Charlot souhaite que sa sœur vienne avec lui.*
⚲ Certains mots, comme « avant que », « pour que », exigent d'être suivis du subjonctif.	*Charlot doit se coucher avant qu'il fasse nuit.* *Tout était organisé pour qu'ils s'amusent bien.*

L'impératif présent	
L'impératif présent sert à exprimer un ordre, une demande ou un conseil.	*Charlot, mets ta ceinture de sécurité.* (ordre) *Papa, donne-moi un ver de terre, s'il te plaît.* (demande) *Bon, rentrons !* (ordre) *Dors, mon Charlot, tu iras mieux demain.* (conseil)

Annexe 2 Des marqueurs de relation

La plupart des mots qui jouent le **rôle** de marqueurs de relation appartiennent à la classe des conjonctions. D'autres appartiennent à la classe des adverbes.

Relations exprimées	Marqueurs de relation	Exemples
Addition, liaison	**ainsi que** **et**	Le père de Charlot <u>ainsi que</u> plusieurs travailleurs de la région sont en vacances. Charlot aime la pêche <u>et</u> le camping.
But	**afin que** **pour que**	<u>Afin que</u> personne ne s'ennuie, on a apporté des jeux de société. Charlot ferme rapidement la glissière de la tente <u>pour que</u> les moustiques ne puissent pas entrer.
Cause (explication)	**car** **comme** **en effet** **parce que**	Charlot se couche tôt <u>car</u> il est fatigué. <u>Comme</u> il est très fatigué, il se couche sans rechigner. <u>En effet</u>, le voyage a été long et épuisant. Son père ne se couche pas tout de suite <u>parce qu'</u>il veut préparer ses agrès.
Choix	**ou**	Tu peux dormir à la belle étoile <u>ou</u> dans la tente.
Comparaison	**comme** **aussi… que** **moins… que** **plus… que**	La nuit, le lac est calme <u>comme</u> un miroir. La lune semble <u>aussi</u> ronde <u>qu'</u>un ballon. Le vent souffle <u>moins</u> fort <u>que</u> pendant le jour. Les ouaouarons sont <u>plus</u> bruyants <u>que</u> les grenouilles.
Condition	**si (s'il)** **à condition que (qu')**	– Charlot, <u>si</u> tu le veux, je peux te conter une histoire de loup-garou. – <u>À condition qu'</u>elle ne soit pas trop épeurante !
Conséquence	**alors** **donc** **par conséquent**	Charlot a oublié de ranger la nourriture ; <u>alors</u> un raton laveur est venu se goinfrer. <u>Par conséquent</u>, il n'y a plus rien à manger ! « Nous devons <u>donc</u> attraper rapidement plusieurs poissons », dit son père, au réveil.

Relations exprimées	Marqueurs de relation	Exemples
Opposition, restriction	**cependant** **mais** **pourtant**	_Cependant_, le vent s'est levé. – _Un orage s'en vient, constate le père de Charlot. – _Mais_ nous ne pourrons pas aller pêcher ! répond Charlot. – _Pourtant_, la météo annonçait du beau temps…
Séquence, succession (logique ou chronologique)	**d'abord** **ensuite** **puis**	– _D'abord_, nous devons ramasser toutes nos choses et les mettre à l'abri. _Ensuite_, nous devons consolider la tente. _Puis_, nous irons peut-être pêcher.
Temps	**avant que** **lorsque** **quand** **sitôt que**	– _Avant que_ nous partions, j'avais pris la peine de vérifier les prévisions de la météo. – Ne t'inquiète pas, _lorsque_ le vent sera tombé, nous pourrons aller pêcher. – Je préférerais, _quand_ le calme sera revenu, aller cueillir des framboises ! Je meurs de faim ! – _Sitôt que_ la pluie aura cessé, je te ferai chauffer une soupe : le raton laveur n'a pas touché aux conserves !

Remarque – Le mot « que », qui est le marqueur de relation le plus utilisé, n'a pas un sens qui lui est propre.

Attention ! Un mot qui joue le rôle de marqueur de relation n'a pas nécessairement toujours le même sens. Cela dépend du contexte. Prenons par exemple le mot « comme ». Il peut parfois établir un rapport de comparaison :

_Le lac est calme _comme_ un miroir.

Il peut parfois établir un rapport de cause :

Comme il ventait beaucoup, les vagues étaient très fortes.

Annexe **3** Les pronoms

Pronoms personnels

Fonctions / Personnes	Sujet	Complément
1re s.	je*	me*, moi
2e s.	tu*	te*, toi
3e s.	il, elle, on	le*, la*, lui, elle, se*, en, y
1re pl.	nous	nous
2e pl.	vous	vous
3e pl.	ils, elles	les, leur, eux, elles, se*, en, y

* Devant un mot commençant par une voyelle ou un
h muet, les pronoms suivis d'un astérisque font :
j', m', t', l', s'.

Pronoms possessifs

Genre et nombre / Relation avec...	m. s.	f. s.	m. pl.	f. pl.
moi	le mien	la mienne	les miens	les miennes
toi	le tien	la tienne	les tiens	les tiennes
lui ou elle	le sien	la sienne	les siens	les siennes
nous	le nôtre	la nôtre	les nôtres	
vous	le vôtre	la vôtre	les vôtres	
eux ou elles	le leur	la leur	les leurs	

Pronoms démonstratifs

Masculin singulier	Féminin singulier	Masculin pluriel	Féminin pluriel	Forme neutre
celui	celle	ceux	celles	ce, ceci, cela, ça
celui-ci	celle-ci	ceux-ci	celles-ci	
celui-là	celle-là	ceux-là	celles-là	

Pronoms relatifs invariables

qui, que, dont, où
quoi (précédé d'une préposition. *Ex. : Je ne sais pas <u>de quoi</u> tu parles.*)

Principaux pronoms interrogatifs
(dans une phrase interrogative)

Invariables	qui, que, quoi, qui est-ce qui, qu'est-ce qui
Variables	lequel, laquelle, lesquels, lesquelles

Quelques pronoms indéfinis

Singulier	personne, rien, tout, aucun, aucune, un autre, une autre
Pluriel	les autres, certains, certaines, plusieurs, quelques-uns, quelques-unes, tous, toutes

Annexe 4 Les déterminants

	Masculin singulier	Féminin singulier	Masculin pluriel	Féminin pluriel
Déterminants articles	le (l')	la (l')	les	
	un	une	des	
	du	—	(*de*, devant un adjectif)	
	au	—	aux	
Déterminants possessifs	mon	ma*	mes	
	ton	ta*	tes	
	son	sa*	ses	
	notre		nos	
	votre		vos	
	leur		leurs	
Déterminants démonstratifs	ce, cet**	cette	ces	
Déterminants exclamatifs	quel	quelle	quels	quelles
Déterminants interrogatifs	quel	quelle	quels	quelles
	Dét. interrogatif invariable : combien de			
Déterminants numéraux	un	une	**Dét. numéraux invariables :** deux, trois, etc. onze, douze, treize, etc. vingt-deux, vingt-trois, etc.	

* Devant un nom commençant par une voyelle ou un *h* muet : *mon, ton, son. Ex. : mon école.*
** Devant un nom commençant par une voyelle ou un *h* muet : *Ex. : cet homme.*

	Singulier	Pluriel
Déterminants indéfinis	aucun, aucune, certain, certaine, chaque, tout, toute, autre, même	certains, certaines, plusieurs, quelques, tous, toutes, autres, mêmes

Remarque – Un déterminant peut être composé de plusieurs mots.
Ex. : tous les, beaucoup de, bien des.

Annexe 5 Les classes de mots et les fonctions dans la phrase

A. Les classes de mots

Le nom, qu'il soit seul ou avec d'autres mots, forme un groupe appelé «groupe du nom» (GN). Pour les constructions possibles du GN, voir 9.2, p. 118.

Dans une phrase, il y a un «groupe du verbe» (GV) dès qu'il y a un verbe conjugué. Pour les constructions possibles du GV, voir 5.4, p. 66-67.

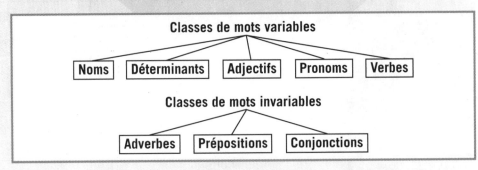

Ces mots sont tirés des exemples de la partie **B**.

noms :	*chien, voisins, pâtée, jours, mère, os*
déterminants :	*le, nos, la, même, tous les, ma, des, ce*
adjectifs :	*charmants, paresseux, gracieux*
pronom :	*il*
verbes (à l'infinitif) :	*manger, être, donner*
adverbe :	*fréquemment*
prépositions :	*de, à*
conjonction :	*mais*

B. Les fonctions des mots ou des groupes de mots

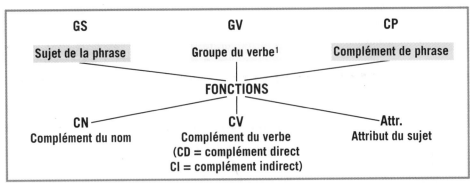

¹ Tu verras au secondaire que la fonction du GV est « prédicat de la phrase ».

          GS   GV   CP

Le chien de nos charmants voisins *mange la même pâtée* *tous les jours*.

de nos charmants voisins :	complément du nom « chien »
la même pâtée :	complément direct du verbe « mange »

GS   GV

Il *est paresseux, mais gracieux*.

paresseux, gracieux :	attributs du sujet « Il »

     GS   GV   CP

Ma mère *donne des os à ce chien* *fréquemment*.

des os :	complément direct du verbe « donne »
à ce chien :	complément indirect du verbe « donne »